Petits rituels pour garder l'équilibre

Petits rituels pour garder l'équilibre

Savoir prendre soin de soi & lutter contre l'anxiété face aux bouleversements de la vie

LAROUSSE

Suzy Reading

First published in Great Britain in 2020 by Aster,
an imprint of Octopus Publishing Group Ltd
Carmelite House, 50 Victoria Embankment, London EC4Y 0DZ
This edition published in 2021

ISBN : 978-2-03-6-00719-2

Pour l'édition française :
Direction de la publication : Isabelle Jeuge-Maynart et Ghislaine Stora
Direction éditoriale : Émilie Franc
Suivi éditorial : Nathalie Cornellana et Sophie Jutier
Traduction : Marie-Noëlle Pichard
Lecture-correction : Laurence Alvado
Direction artistique : Géraldine Lamy
Couverture : Valentine Antenni
Mise en page : Lucile Jouret

Dépôt légal : mai 2021
Imprimé en Chine par C&C Offset Printing

Sommaire

Introduction

Des moments difficiles. C'est la brutalité d'une nouvelle qui nous suffoque, au point de se demander si l'on pourra de nouveau respirer. C'est l'instant qui bouleverse notre univers et ce sentiment de déconnexion qui s'ensuit en voyant que la vie au-dehors continue comme si de rien n'était. C'est la perte épouvantable qu'aucun mot ne saurait vraiment exprimer. C'est la trahison qui nous brise. C'est comprendre soudain que la vie est précieuse, fragile et éphémère, et qu'il n'y a aucune certitude. C'est la pression quotidienne, la cocotte-minute du travail, de la famille, du rôle de parent et de toutes les responsabilités qui nous incombent, consumant notre force vitale. Ce sont aussi ces choses qu'on désire ardemment, pour lesquelles on a dû se battre avec acharnement et qui, une fois obtenues, ne correspondent pas à nos attentes. Ce sont encore ces zones grises, quand un chapitre de notre vie se clôt et que le prochain n'est pas encore ouvert. C'est le regret d'un monde imaginaire, même quand on a décidé de notre avenir. Ce sont les étapes de la vie et toutes ces premières et dernières fois. Comment faire face ? Telle est la question posée par toutes ces situations.

C'est là où notre voyage commence.

Derrière nos sourires de façade affichés au quotidien, nos photos arrangées postées sur les réseaux sociaux, nous sommes tous exposés aux aléas de la vie. Personne n'est immunisé contre les épreuves de l'existence, les chocs émotionnels, les pertes et les moments de profonde déprime.

Nous passons tous par des étapes difficiles. Si vous êtes au tapis ou si vous récupérez à peine d'une de ces épreuves, sachez que cela ne signifie pas que vous êtes faible, mais simplement que vous êtes humain.

Peut-être serez-vous surpris de constater que beaucoup de ces moments ne vous semblaient pas si durs avant : il y en a certains que vous souhaitiez désespérément, comme un déménagement, des projets de rénovation ou un bébé ; des objectifs que vous vous étiez fixés, comme obtenir une promotion, lancer votre entreprise ou acheter une maison. Mais quand ils se télescopent, il n'est pas surprenant que vous vous aperceviez, avec le recul, que leur accumulation a eu des conséquences. En modifiant notre perception de ces moments - en évacuant reproches et autoflagellation -, il est possible d'y réagir plus calmement et de nous comporter différemment. Ce livre vous aidera à passer les obstacles et à vous rétablir, avant que la vie ne vous demande inévitablement de nouveaux efforts.

Qu'est-ce que des moments difficiles ? Ils sont de différentes natures : certains désirables, d'autres indésirables et beaucoup inévitables. Nous sommes tous soumis au stress dans notre travail, notre famille et nos relations, et nous perdons tous des personnes que nous aimons. De manière générale, et en me basant sur mon travail de psychologue et mon propre vécu, ces moments ont trois causes : le stress et le burn-out, la perte et le deuil, le changement et la transition. Chacune exige une trousse à outils spécifique de compétences pour s'en sortir pendant et se rétablir après. Certaines situations n'impliquent qu'une de ces causes, d'autres plusieurs. Il arrive que nous ne soyons pas conscients d'avoir subi une perte, par exemple. Faire simplement le lien, identifier notre perte déclenche notre capacité innée de guérison. Reconnaître en quoi une situation nous affecte et savoir comment gérer le stress, la perte ou le changement permet de mieux résister aux aléas de la vie.

MOMENTS DIFFICILES

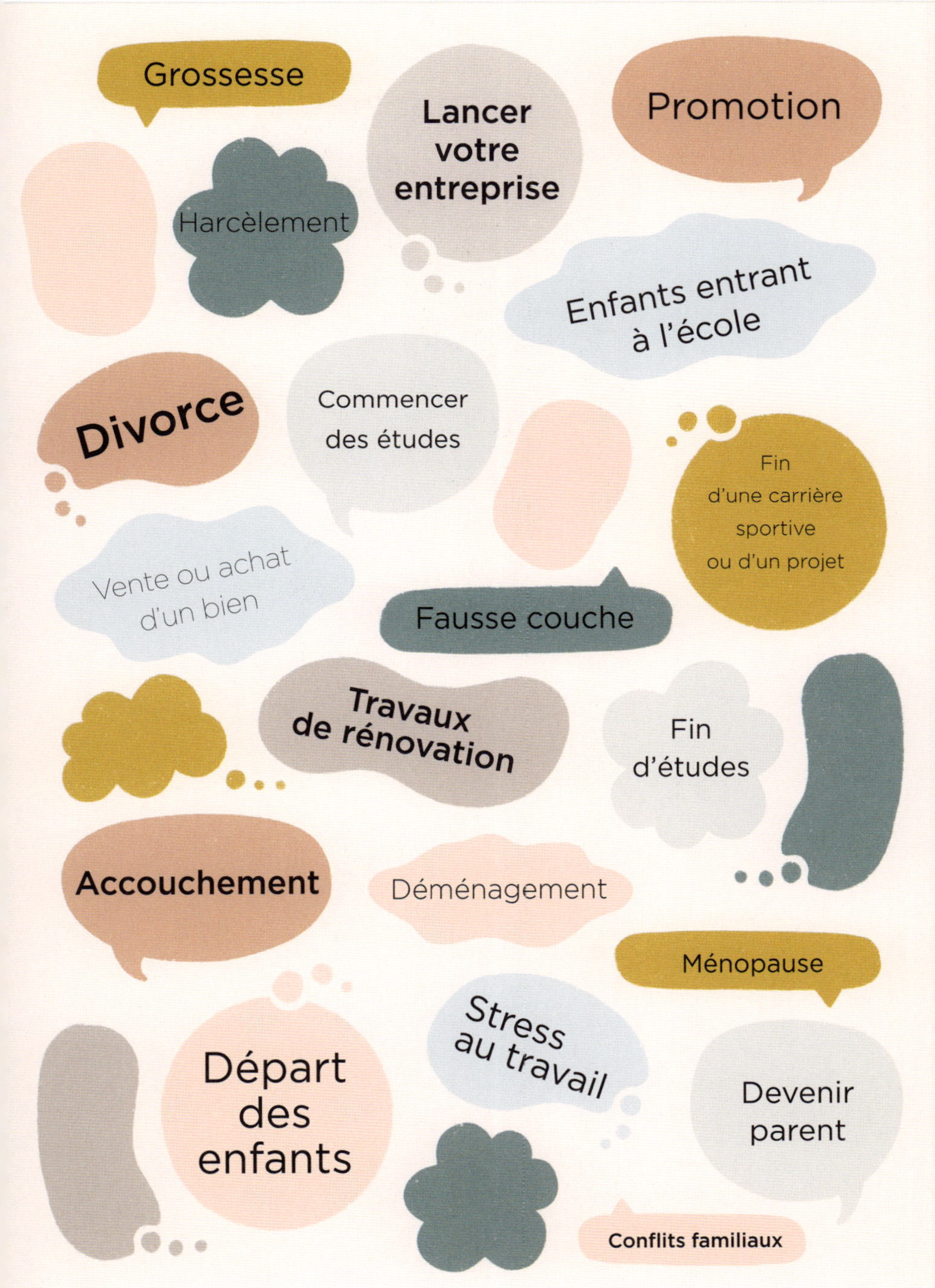
Grossesse
Lancer votre entreprise
Promotion
Harcèlement
Enfants entrant à l'école
Divorce
Commencer des études
Fin d'une carrière sportive ou d'un projet
Vente ou achat d'un bien
Fausse couche
Travaux de rénovation
Fin d'études
Accouchement
Déménagement
Ménopause
Départ des enfants
Stress au travail
Devenir parent
Conflits familiaux

COMMENT CE LIVRE PEUT VOUS AIDER

Si vous vivez l'un de ces moments ou venez d'en sortir, cet ouvrage vous aidera à avancer, guérir et revivre. Il renforcera votre endurance et vos facultés de récupération pour mieux affronter l'épreuve. Si vous êtes en couple, parent, membre d'une famille, ami ou médecin, il vous permettra de mieux comprendre et de soutenir les autres. Nous avons tous beaucoup à gagner à parler franchement de ce qui nous arrive.

Souvent, c'est seulement quand une situation est difficile et que notre énergie est à plat qu'on prend conscience de l’importance de la santé. Nous commençons alors à admettre la nécessité d’une meilleure condition physique et psychologique pour nous faciliter la vie. Nous y voyons le moyen de maîtriser un maelström émotionnel et de traverser les épreuves. Nous comprenons que, sans soutien, nous risquons le burn-out, l’anxiété ou la dépression. La situation pousse à faire des choix différents, et garder la forme devient un mode de vie, une manière de continuer à mettre un pied devant l’autre quand les temps sont durs. Si vous n’en êtes pas encore là, pas de problème. Ce livre vous indiquera les moyens de prévenir ces épreuves et vous montrera comment, petit à petit, rendre votre présent meilleur.

Vous vous sentez peut-être si épuisé que vous avez du mal à sortir du lit et à faire ce qu’on attend de vous. À moins que, submergé par vos émotions, vous n’arrêtiez pas de pleurer ou que vous vous sentiez perdu et désorienté, au point de ne plus savoir par où commencer ni qui vous êtes. Vous vous demandez sans doute comment les autres font pour s’en sortir, alors que vous partez en vrille. La vérité est que nous nous débrouillons tous à notre manière. Ne comparez pas ce que vous ressentez avec ce que les autres paraissent ressentir. Ce que vous voyez dans la vraie vie n’est qu’une partie de la réalité, et ce que chacun montre sur les réseaux sociaux n’en est que le best of.

Ces épisodes difficiles peuvent parfois vous donner l’impression de perdre la tête. J’ai entendu bon nombre de personnes exprimer cette crainte terrifiante. Vous n’êtes pas seul, je suis passée par là, je sais combien santé et vitalité paraissent alors inaccessibles, et impossible le simple fait de prendre soin de soi ou de trouver des solutions.

Souvent, la situation s'aggrave parce qu'on ne fait plus attention à soi. C'est tout à fait normal, il n'y a pas de honte à avoir. Vous en vouloir ne l'améliorera pas, cela ne fera qu'alourdir votre fardeau. La compassion pour soi donne un bien meilleur résultat. Si vous avez du mal à changer, ne vous inquiétez pas, c'est tout l'objet de ce livre : développer une aptitude à la bienveillance et instaurer de nouvelles habitudes saines et utiles. Vous découvrirez comment vous venir en aide, ce qui est vraiment l'un des plus grands talents dans la vie.

Le fait est que c'est souvent quand nous avons le plus de mal à prendre notre santé en main que nous devrions le faire. C'est ce qui m'est arrivé. Tout mon travail tournait autour de stratégies pour améliorer le bien-être – j'étais (et je suis toujours) psychologue agréée, professeure de yoga et coach personnelle. J'avais tous les outils pour m'en sortir, mais la vie m'a mise à l'épreuve. Je suis devenue maman en même temps que je perdais mon père, et rien ne vous prépare à une telle situation. Garder la forme est relativement facile quand tout va bien, plus compliqué dans le cas contraire.

Quand la vie nous chahute, trouver des ressources en nous peut être très dur, à moins d'avoir accepté de ne pas être invincibles et que notre mécanique interne nécessite une douce et tendre attention. Pour beaucoup d'entre nous, prendre soin de soi paraît impossible, par manque de temps, d'énergie, d'idées à notre portée, et surtout à cause d'un éternel sentiment de culpabilité. Nous avons l'impression que s'occuper de nous va nous détourner de ceux qui nous sont chers et de nos responsabilités.

Ce que j'ai appris à mes dépens est qu'en ignorant mes besoins, en en faisant toujours plus, en négligeant ma santé et en me croyant très forte, je n'avais obtenu qu'un résultat : toucher le fond ! Et là, je n'étais plus d'aucune utilité pour personne. Pour être la maman, l'épouse, la fille, l'amie et la praticienne que j'aspirais à être, je devais trouver de quoi me ressourcer. Le comprendre aide à faire la paix avec la culpabilité pour nous permettre de rester debout et faire face. Cette leçon s'est inscrite encore plus profondément en moi quand la vie m'a de nouveau éprouvée, avec quasiment les mêmes ingrédients : délocalisation à l'international, accouchement et deuil ont composé un cocktail explosif. Pourtant, ce second round a constitué une expérience très différente. Ce fut toujours à la fois éprouvant et douloureux, mais j'avais désormais profondément conscience que je devais faire attention à moi, et je disposais de quantité d'outils pour me soutenir et repartir du bon pied bien plus vite.

Nous sommes nombreux à nous sentir dépassés par ces épisodes difficiles, parce qu'on ne nous a pas donné les moyens pour les gérer. C'est un grand réconfort de savoir que nous n'y sommes pour rien. Ne l'oubliez surtout pas. Autrefois, beaucoup d'enfants étaient élevés dans l'idée qu'il ne fallait pas pleurer ou se plaindre ; en conséquence, l'expression des émotions était mal vue. Il n'est donc pas étonnant que nombre d'entre nous aient du mal à gérer le stress, la perte et le changement une fois adultes. Maintenant, le balancier est parti très loin dans l'autre sens, et nous voyons beaucoup trop de parents essayer d'éviter à leurs enfants le moindre inconfort ou la moindre émotion pénible.

Si nous nouons tout le temps leurs lacets de chaussures, nous les empêchons d'acquérir cette compétence ; de la même manière, si nous nous précipitons pour arranger les situations ou amortir les émotions de nos enfants, nous entravons leur capacité à résoudre les problèmes, leur agilité émotionnelle et leur confiance en soi. Le fait est que beaucoup de ces compétences ne nous ont pas été enseignées et que nous devons maintenant les apprendre par nous-mêmes.

La culture moderne respecte l'intelligence, mais nie le savoir du corps. Nous dépensons beaucoup d'énergie pour apprendre comment ne pas faire ce que le corps nous demande. Vous vous souvenez du mal que vous aviez à rester assis sans bouger à l'école ? Si vous faites attention, je parie que vous ressentez la même chose aujourd'hui à votre bureau. C'est difficile de se débarrasser de ce type de réflexe et d'effacer les messages de notre corps. Nous devons revendiquer le droit de sentir, de ressentir, pour permettre à nos émotions de s'exprimer et pour les accueillir avec bienveillance et compassion.

Votre corps sait se reconstruire, cette faculté est innée. Vous êtes biologiquement conçu pour guérir. Ce livre est là pour vous aider à vous reconnecter à cette aptitude naturelle et à sortir de vos habitudes. Le processus de guérison est facilité par l'adoption de bons comportements, plutôt que de mécanismes d'adaptation ou de béquilles qui ne sont utiles qu'à court terme. Il s'agit essentiellement d'apprendre à vous apaiser et à gérer votre énergie. Ensemble, nous découvrirons les aptitudes qui permettent de survivre au stress, à la perte et au changement. Nous redonnerons de l'énergie à votre corps épuisé. Nous régénérerons votre esprit fatigué. Nous soignerons votre cœur brisé. Nous mobiliserons vos ressources de guérison innées et rétablirons vitalité et discernement.

Prendre soin de soi

UN COURANT EN PLEINE EXPANSION

Les Anglo-Saxons ont un mot pour désigner l'ensemble des pratiques visant à prendre soin de notre santé mentale et physique : le *self-care,* ce que l'on pourrait traduire par l'« autosoin » ou l'« autogestion de la santé ». Même si l'idée n'est pas vraiment nouvelle, elle est aujourd'hui à la mode et il y a du bon dans cette prise de conscience. Cette notion a d'abord été appliquée à des contextes professionnels stressants, comme la médecine ou les services d'urgence. Contrairement à ce qu'on peut lire ici ou là, il ne s'agit ni d'un engouement passager ni d'une nouvelle technique de bien-être, mais d'une pratique faite pour durer. Nos sociétés s'engagent dans un dialogue plus ouvert sur la santé mentale et prennent de plus en plus conscience de la nécessité de stratégies pour mieux surmonter les périodes difficiles. La prise en charge de notre santé émotionnelle et mentale devient un enjeu majeur. Les statistiques sont alarmantes, en particulier chez les jeunes : « Au Royaume-Uni, un quart des filles de 14 ans se sont déjà automutilées[1]. » Et les études montrent que les troubles émotionnels chez les enfants sont en augmentation : en 2017, on estimait qu'au moins 12,5 % des 5-19 ans

souffraient de troubles mentaux[2]. Nous ne pouvons donc pas ignorer plus longtemps ces techniques d'autogestion de la santé ni refuser d'offrir à nos enfants des compétences bénéfiques.

Le taux tragique de suicides chez les hommes (17,2 sur 100 000 en 2018[3]), le fait que le suicide soit la cause majeure de mortalité chez les jeunes mères[4], avec un risque en augmentation chez les femmes au moment de la ménopause[5], indiquent à l'évidence qu'il est urgent de réagir.

Même si le terme de *self-care* (également utilisé en français) prête à confusion dans la mesure où il a été récupéré pour faire la publicité de produits de beauté, il n'y a rien de frivole dans l'idée de prendre soin de soi. Le concept s'est développé dans le sillage d'un corpus de recherches concernant la pleine conscience, la résilience, la compassion et d'autres pratiques visant à améliorer la santé. À la fin des années 1990, il y a eu un changement de paradigme en psychologie : de l'étude des maladies mentales, l'attention s'est portée sur les fondements du bien-être. Les stratégies que nous explorons dans ce livre se basent sur une vingtaine d'années de rigoureuses études scientifiques concernant ce qui rend la vie digne d'être vécue.

UN CONCEPT À DÉFINIR

L'ensemble de ces pratiques vise en fait à prendre soin de notre santé. Il s'agit de nourrir tous les aspects de notre être, tant sur le plan mental que physique et émotionnel, ceux-ci étant intimement liés. Pour savoir ce qui est vraiment bénéfique, il faut considérer les conséquences à court et long terme : prendre soin de nous est bon dans l'immédiat et améliore notre santé future, nous alimentons notre « moi futur ». Cette distinction peut nous aider à percevoir la différence entre une béquille et une véritable solution de mieux-être. Une autre manière de comprendre le fait de prendre soin de soi est d'y penser comme à une gestion de l'énergie. Nous avons besoin d'énergie dans la journée et plus notre énergie est équilibrée, mieux nous sommes préparés à affronter les aléas de la vie. En la rechargeant régulièrement, nous stimulons notre capacité à résister sur le moment et à rebondir plus vite après coup.

DES PRATIQUES MULTIPLES

En réalité, cette autogestion de la santé revêt de multiples aspects, parce que chacun de nous a ses préférences. Ces préférences changent aussi avec le temps et nos besoins diffèrent selon les moments : voilà pourquoi il nous faut une large gamme d'outils personnalisés. On peut avoir envie de chanter dans une chorale, de pêcher, peindre, écrire un journal, danser ou voir des amis, mais aussi de se concentrer sur sa respiration, dire un mot de gratitude avant le repas du soir, goûter des saveurs, sentir le soleil sur sa peau en conduisant ou s'imprégner du parfum du linge fraîchement lavé en le pliant. La plupart des personnes associent le *self-care* à des pratiques ou des rituels, et cela est vrai, mais il faut élargir cette perspective.

Prendre soin de soi ne se traduit pas seulement par des actions, mais aussi par un ensemble de compétences. L'intérêt est qu'en développant ces compétences, nous pouvons les utiliser dans la vie quotidienne. Il ne s'agit pas d'activités qui s'ajouteraient à une trop longue liste d'obligations, mais d'une manière d'être qui change notre vision de la vie et notre façon d'y réagir.

Ces compétences nous aident à considérer et à interpréter les événements de manière plus constructive. En réduisant notre stress, en nous apaisant et en nous ancrant, elles nous permettent de ressentir plus souvent des moments de joie et de paix. Quand ces compétences deviennent des habitudes quotidiennes, prendre soin de soi devient un mode de vie, pas une charge supplémentaire. L'excuse du « pas assez de temps » disparaît du même coup ! Le développement de ces compétences est au cœur de toutes les activités décrites dans ce livre. Nous en possédons déjà beaucoup, mais le simple fait de les nommer les rend plus visibles. C'est comme des muscles : plus on s'en sert, plus on les stimule et plus on les renforce.

De nouvelles compétences pour quel bénéfice ?

- Pour faire face à des moments difficiles.
- Pour aider à se rétablir et guérir après des expériences éprouvantes ou des périodes difficiles de la vie.
- Pour favoriser la récupération, prévenir en partie le stress et permettre de rebondir plus rapidement.
- Pour devenir une personne dont on peut être fier, qui profite à tous.
- Pour renforcer les relations, l'harmonie familiale et pour rendre les enfants pleinement conscients de leurs émotions et de leurs capacités.

QUE FAIRE DANS LES MOMENTS DIFFICILES ?

Pour affronter le stress, la perte ou le changement, nous avons besoin de nouveaux outils. Les choses que nous faisons quand la vie est calme sont souvent inaccessibles ou inopérantes dans les épreuves. Aller à notre cours de yoga favori est au-dessus de nos forces, la seule idée de courir nous épuise, et même la perspective de voir des amis nous fait reculer. Quand le cerveau est dans le brouillard, tout devient si difficile qu'on se rabat souvent sur le café pour pouvoir avancer, sur la nourriture et l'alcool pour s'anesthésier et sur les écrans pour se distraire. Ces béquilles nous aident à court terme, mais elles ne nous soutiendront pas et ne nous seront d'aucune utilité à long terme. Entre autres conséquences, notre sommeil est mis à rude épreuve. Ce livre propose de multiples options pour vous en sortir. Pas besoin de temps, pas besoin d'énergie, pas besoin d'argent : ensemble, nous trouverons un moyen.

Avant de vous lancer, réfléchissez un peu sur votre vie, mais que ce soit avec bienveillance. Jugement et autocritique sont contre-productifs. Ce qui est fait est fait, et vous devez maintenant choisir comment procéder.

1. En ce moment, que faites-vous pour vous réconforter et vous soutenir ? Cela correspond-il vraiment à vos besoins actuels et nourrit-il votre moi futur ? Quel est le coût de ces mécanismes de survie ?

2. Avez-vous oublié certaines aspirations ? Avez-vous des envies particulières ? Peut-être vous remettre à la guitare ou aller voir des amis ? Peut-être voudriez-vous reprendre une activité, mais sous une forme différente correspondant mieux à vos besoins actuels ? Comment y revenir en respectant ce que vous êtes maintenant ? Si vous ne le savez pas, asseyez-vous avec un ou une ami(e) et voyez ensemble si vous trouvez une idée ou quelque chose de nouveau qui vous aide à répondre à ce besoin.

3. Prendre soin de soi est une question de gestion d'énergie, pensez à la préserver, c'est une ressource précieuse. Pouvez-vous éliminer, éviter ou minimiser certains gaspillages ? Identifiez les personnes, les lieux ou les tâches qui vous vident et réfléchissez à des moyens de vous protéger. Si ces dépenses d'énergie sont inévitables, utilisez ce livre pour renflouer votre énergie.

POURQUOI C'EST SI DUR

Prendre soin de soi est plus qu'un problème de temps, d'énergie et d'argent, c'est une question de santé. Or, nous savons tous ce qu'il faut faire pour rester en forme, n'est-ce pas ? Mais ce n'est pas facile. Les choix les plus sains ne sont pas toujours les plus attirants. Agir pour vraiment prendre soin de soi n'est pas forcément agréable ni confortable ! C'est parfois même la dernière chose que vous avez envie de faire, mais c'est ce qui vous aidera à guérir et votre moi futur vous dira merci. Il faut absolument le savoir. Si vous n'y arrivez pas, lâchez un peu de lest. Nous avons tous les mêmes difficultés. Pas d'autoflagellation, il n'y a pas de honte à échouer. C'est juste l'occasion d'apprendre et de faire des choix différents.

Si les choix vertueux sont difficiles quand tout va bien, imaginez les obstacles en temps de crise. Nous avons du mal à nous refuser une satisfaction quand nos réserves de volonté sont à sec, quand nous sommes angoissés par une prise de décision ou simplement trop fatigués ou trop malheureux pour penser clairement. Si nous sommes stressés, écrasés par le chagrin, perturbés par le changement, que nous manquons de sommeil, que nous souffrons physiquement ou psychologiquement, il est extrêmement difficile de penser avec lucidité et d'agir volontairement. Quand c'est possible, respecter les règles de base pour gérer votre énergie vous aidera à faire des choix plus constructifs : dormez suffisamment, nourrissez votre esprit et votre corps, hydratez-vous bien, passez du temps dans la nature et avec d'autres personnes, et bougez pour préserver votre santé mentale. Il est certainement difficile de respecter cette hygiène de vie dans les périodes difficiles, mais ce livre vous montrera comment y parvenir. Ne vous brusquez pas, dites-vous que nous avons tous tendance à nous appuyer sur des béquilles pour nous en sortir. Je l'ai fait et les vieilles habitudes sont toujours prêtes à ressurgir, jusqu'à ce que je reçoive les signaux de mon corps et de mon esprit pour agir différemment.

COMMENT SURMONTER LA CULPABILITÉ

Vous vous apercevrez que la culpabilité ne cesse de vous mettre des bâtons dans les roues ou, pire encore, de vous faire croire que vous ne méritez pas d'aller mieux. Soyons clairs : tout être humain mérite de se sentir bien. Tout être humain est digne d'amour et d'attention. En dépit de ce qu'on vous a dit et de ce qu'on vous a fait sentir, et si cela vous parle, je suis de tout cœur avec vous : *vous méritez de vous sentir aimé et considéré.*

Pour faire la paix avec ces sentiments de culpabilité, prenez le temps de vous demander comment prendre soin de vous. Vos réponses vous libéreront réellement et vous motiveront pour agir autrement, parce que, si vous voulez vous sentir mieux, vous devez faire les choses différemment. Il ne suffit pas d'y penser.

1. Réfléchissez à un rôle dans la vie qui vous paraît vraiment important. Cela peut être celui de partenaire, parent, aidant, chef d'entreprise ou médecin. Réfléchissez aux qualités que vous aimeriez posséder pour ce rôle. Quelle expérience voudriez-vous vivre ? Quel comportement et quelles valeurs souhaiteriez-vous adopter ? Quel héritage rêveriez-vous de laisser ?

2. Maintenant, notez les soutiens qu'il vous faudrait dans la vie pour devenir cette personne. Soyez le plus précis possible. Pour pouvoir l'être, que considérez-vous comme non négociable au quotidien ?

3. En vous basant sur vos réponses aux questions précédentes, décrivez en quoi prendre soin de vous peut faciliter votre vie et celle des personnes qui vous sont chères. Notez pourquoi ce n'est pas seulement intéressant, mais nécessaire de le faire. Reportez-vous à cette liste chaque fois que la culpabilité se mettra en travers de votre chemin.

Observez comment les bénéfices du *self-care* vont bien au-delà de votre personne. Souvenez-vous-en la prochaine fois que la culpabilité vous tapera sur l'épaule. Il ne s'agit pas d'égocentrisme, mais simplement d'admettre que vos besoins doivent être pris en compte. Votre santé est également importante. Ce n'est pas « moi d'abord », c'est « moi aussi », c'est ce qui vous permet de supporter les moments difficiles, de retomber sur vos pieds et de devenir celui ou celle que vous désirez être.

LA ROUE DES PRATIQUES

Le moyen le plus simple et le plus rapide de se connecter à quelque chose d'inspirant quand on en a vraiment besoin est de se référer à un diagramme, c'est pourquoi j'ai créé la « roue de la vitalité ». Il s'agit d'une sorte de carte mentale qui, je l'espère, va élargir votre conception du bien-être. Je ne parle pas de jacuzzi, de pédicure ou de pause week-end. La roue de la vitalité donne à voir les huit manières différentes de booster votre énergie.
Vous connaissez déjà la plupart, mais peut-être ne les avez-vous pas toutes associées à l'idée de bien-être. C'est aussi un rappel, parce que, quand on se sent dépassé, ce sont des choses dont on a du mal à se souvenir. Au lieu d'éplucher une interminable liste de conseils, si vous notez vos idées sur la roue, vous les repérerez plus vite : vous n'aurez qu'à poser le doigt sur ce qui vous attire et que vous pouvez immédiatement appliquer.

Collez votre roue sur le réfrigérateur, dans votre journal ou près de votre lit, cela vous aidera à trouver des pratiques bonnes pour vous, plus souvent, et c'est ainsi que vous arriverez à vous en sortir et à guérir. Dans chaque partie de ce livre, vous découvrirez beaucoup de nouvelles idées à noter sur votre roue. Ajoutez des mantras qui vous parlent, des postures de yoga qui vous font du bien, des exercices de respiration, des astuces pour tenir le coup ou des méthodes pour utiliser le pouvoir thérapeutique de la nature. Certaines pratiques résonneront immédiatement, d'autres non, et c'est bien comme ça. Cette roue n'a pas réponse à tout, mais sachez que les

CE QUE DIT LA ROUE DE LA VITALITÉ

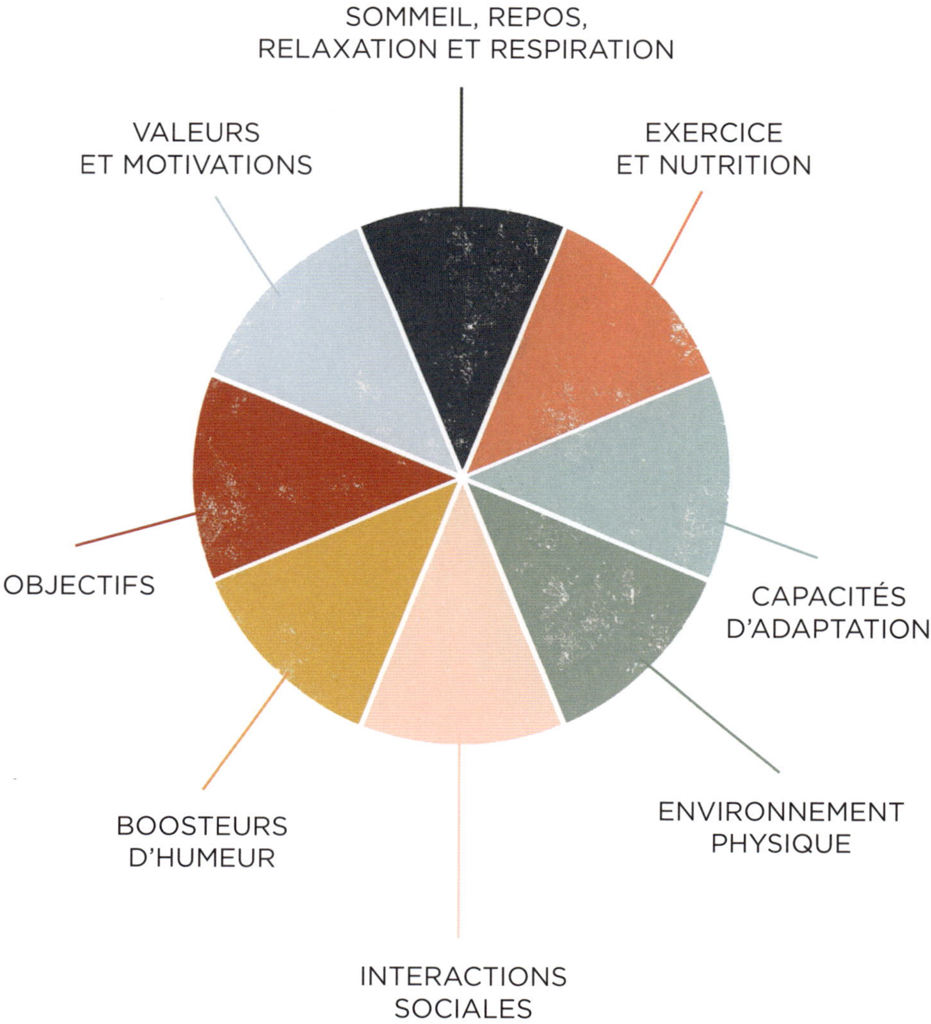

choses changent vite et que nos outils sont plus efficaces quand nous les faisons constamment évoluer. Reportez-vous toujours à ce livre et faites aussi évoluer votre roue. Consultez-la quand vous avez besoin d'un coup de fouet, quand vous voulez décompresser ou que vous avez un peu de temps pour vous. Programmez dans votre journal un moment pour vous ressourcer, un rendez-vous personnel, et servez-vous de la roue pour choisir ce qui vous convient le mieux.

MON SOUHAIT POUR CE LIVRE

Les moments difficiles font souffrir, on ne peut pas y échapper, mais j'espère que ce livre vous aidera à les surmonter. Il se fonde à la fois sur ma propre expérience de gestion du stress, de la perte et du changement, sur le caractère humain, normal et faillible de nos comportements, et sur mes compétences professionnelles de psychologue, professeure de yoga et coache personnelle, pour proposer des outils adaptés à chaque situation. Vous découvrirez des pratiques stimulantes et apaisantes faisant appel au corps, au toucher, à la respiration, au mouvement et à l'esprit, toutes permettant d'élargir le champ de vos compétences pour vous aider à :

» **Réinvestir votre corps.**

» **Être votre propre refuge.**

» **Pouvoir vous relaxer et vous ressourcer.**

- **Comprendre vos émotions, développer votre capacité à les identifier, les laisser s'exprimer et les traverser, même celles dont vous avez peur.**

- **Éveiller en vous l'aptitude innée à vous apaiser.**

- **Vous rappeler que vous devez vous protéger, que vous pouvez dire votre vérité et imposer vos limites.**

- **Vous donner la force et la patience de supporter le doute et les périodes de confusion.**

- **Développer la connaissance de vous-même, de vos plus grandes forces, de vos valeurs et de vos aspirations. Cette clairvoyance vous guidera et vous poussera à prendre une nouvelle voie empreinte de tendresse, de bienveillance et de compassion.**

COMMENT VOYAGER DANS CE LIVRE

Ce livre se compose de trois grandes parties : la première traite du stress et du burn-out, la deuxième de la perte et du deuil, la troisième concerne le changement et la transition. Vous pouvez le lire de la première à la dernière page ou aller directement à la partie qui vous intéresse, en piochant juste ce que vous voulez. Si vous ne pouvez assimiler qu'une page à la fois, c'est bien. Si vous voulez simplement regarder les illustrations, c'est aussi un bon point de départ. Bousculé par la vie, suivez la voie de moindre résistance et n'exigez pas trop de vous. Lire juste un mantra ou un paragraphe peut déclencher un changement. Nous explorerons les effets de chaque situation et les outils à utiliser pour s'en sortir. Nous commencerons par des pratiques très simples pour progresser vers des moyens plus élaborés ou exigeants, plantant à chaque fois une graine d'acquisition de compétences.

STRESS ET BURN-OUT : cette partie concerne la reconquête de la connexion au corps, la capacité à se détendre, à se relâcher physiquement et à comprendre comment se réparer, gagner en énergie et se reconstituer. Si vous êtes épuisé, si vous voulez vous libérer physiquement d'un poids ou trouver le calme, c'est par là qu'il faut commencer.

PERTE ET DEUIL : nous traiterons dans cette partie de vos ressentis, de l'expression et de la libération des émotions, de la façon de parler et de trouver le calme. Commencez par là si vous voulez vous débarrasser d'une charge émotionnelle, si vous êtes déprimé ou souffrez psychologiquement.

CHANGEMENT ET TRANSITION : seront abordés ici l'acceptation de l'incertitude et le développement d'une tolérance au changement, d'une sérénité qui se construit grâce aux compétences explorées dans les deux premières parties. Cette partie concerne aussi la lucidité et le travail de changement intérieur. S'y pose la question « que faire après », qui permet de penser plans d'action et objectifs. Commencez par là quand vous avez assez d'énergie pour agir, si vous êtes dans le brouillard et voulez y voir plus clair ou si vous êtes en quête d'apaisement.

LES LIMITES DE CE LIVRE

Ce livre donne des conseils pour prendre soin de soi, mais pas forcément seul. Nous avons tous besoin de soutien, d'un sentiment d'appartenance, de liens affectifs. Nous avons besoin des autres pour nous aider à nous en sortir et guérir, pour être vus et entendus, pour être compris et acceptés, pour être soutenus. Le développement de vos aptitudes vous donnera plus de force et d'autonomie, mais vous devez aussi pouvoir demander de l'aide. J'ai eu besoin de faire appel aux autres, à l'amour et au soutien de ceux qui me sont chers et à une aide professionnelle. Je m'appuie toujours sur ce réseau d'amour et d'entraide, bien que les temps soient plus faciles pour moi aujourd'hui. Ce livre n'a pas vocation à remplacer des conseils professionnels ni les bénéfices d'une relation thérapeutique, mais il entend vous fournir des outils en plus du soutien de votre entourage.

Même s'il ne s'agit pas de tout faire par vous-même, s'occuper de soi est aussi une question de responsabilité personnelle. Il faut avancer, prendre la direction de votre vie et faire le choix d'actions stimulantes au lieu de plonger la tête dans le sable et de vous contenter de vous anesthésier ou de vous distraire. Il faut admettre que vous êtes responsable de votre santé, de vos actes et de votre attitude face à la vie. Les difficultés surviennent que vous le vouliez ou non, elles ne disparaîtront pas d'elles-mêmes. Des choses terribles arrivent aux personnes les plus gentilles. Il n'y a pas de justice. Vous ne le méritez pas, mais quoi qu'il en soit, cela se produit et le nier ou attendre que quelqu'un vienne à votre rescousse ne sert à rien. Vous devez gérer l'impondérable, et tout ce que vous pouvez faire, c'est choisir comment y répondre. Il faut évidemment vous laisser le temps de réagir normalement, être emporté par une colère légitime ou anéanti, mais ensuite viendra le moment où un déclic se produira et où vous vous sentirez prêt à agir dans l'espoir que les choses s'améliorent, ou pour simplement profiter pleinement du temps qui reste. Je souhaite que ce livre devienne un compagnon de route, qu'il vous fournisse les outils pour vous aider à traverser les moments difficiles et retomber ensuite sur vos pieds.

Sans doute vous demanderez-vous en parcourant ces pages comment une posture de yoga ou vous prendre les mains peut atténuer votre souffrance. C'est une bonne question, mais l'efficacité de ces pratiques tient essentiellement à l'intention que vous y mettez. Il faut que la graine plantée s'enracine profondément pour que votre capacité innée de guérison s'épanouisse. Chaque pratique est conçue pour développer une aptitude que vous possédez déjà, mais en prenant conscience de sa valeur, et en l'exerçant, elle va augmenter, comme un muscle qu'on fait travailler. Ces pratiques ont aussi un effet cumulatif : en les répétant au cours de la journée, leur pouvoir thérapeutique augmente. Même si, en elles-mêmes, elles n'ont rien de sensationnel, elles permettent d'échapper à des choix moins vertueux vers lesquels nous nous tournons généralement, comme les aliments réconforts ou les écrans à outrance. Ces rituels apaisants sont faits pour soulager les préoccupations, la négativité et le ressassement. Vous aurez tous les outils en main pour agir dans le bon sens. Vous ne pouvez peut-être pas changer la donne, mais ce livre vous aidera à ne plus subir passivement la vie et à réagir de manière constructive et stimulante.

Il faut que la graine plantée s'enracine profondément pour que votre capacité innée de guérison se développe.

UN MOT SUR LE TRAUMA : VOUS ÊTES BLOQUÉ, PAS BRISÉ

Petit avertissement : mon intention, avec ce livre, est de vous soutenir dans les moments difficiles, pas de résoudre un trauma. Pour soigner ce type de problème, il faut être en relation avec une autre personne, quelqu'un qui vous procure un sentiment de sécurité et qui peut vous retenir quand vous exprimez la réalité de votre expérience. Restaurer les relations avec les autres est central pour le rétablissement du bien-être[6]. Vous devez vous sentir compris, avoir quelqu'un sur qui compter vraiment, qui vous rappelle votre humanité partagée. Les effets d'un trauma impactent le cerveau émotionnel et le système nerveux, il faut être guidé par un spécialiste pour faciliter le nécessaire recâblage physiologique. Il ne suffit pas d'essayer de changer votre façon de penser, parce que les effets du trauma sont au-delà du contrôle conscient.

Ce livre ne prétend pas remplacer une psychothérapie, mais sachez que, si vous vous sentez traumatisé, vous n'êtes pas brisé. Vous êtes simplement bloqué. Je me suis aussi sentie anéantie, mais ce n'est pas irrémédiable. On peut guérir. Peter Levine, un expert en la matière, le résume parfaitement : « Un trauma est un événement de la vie. Cela ne doit pas être une sentence de mort[7]. » Vous pouvez réintégrer votre corps. Vous pouvez de nouveau vous y sentir en sécurité. Vous pouvez réentraîner votre système nerveux pour atténuer sa réponse au danger. Vous pouvez apprendre à vous calmer, vous détendre et développer une relation bienveillante avec vous-même. Vous pouvez retrouver votre énergie et votre courage. Vous pouvez ranimer votre sentiment d'autonomie et prendre votre vie en charge. Trouvez un praticien ayant l'expérience des traumas pour vous accompagner dans ce voyage vers la guérison, et j'espère que les propositions de ce livre permettront de renforcer la thérapie.

Les symptômes du trauma

Personne n'est à l'abri d'expériences traumatiques, malheureusement, nous en subissons tous, qu'il s'agisse de perte, de conflit ou d'abus. Elles affectent non seulement ceux qui y sont directement exposés, mais aussi l'entourage familial, professionnel, social et se répercutent également sur les générations suivantes. Elles ne sont pas uniquement causées par des drames, on peut se sentir traumatisé de manière totalement subjective par quantité d'événements plus ou moins importants. Enfance difficile, interventions médicales, accouchement, accident dont on est victime ou témoin, catastrophe naturelle, violences ou harcèlement sont autant de causes possibles. Savoir comment un trauma affecte le cerveau et le système nerveux est une aide, cela nous permet de mieux nous comprendre et de faire preuve de compassion à notre égard. J'aime particulièrement la proposition de Levine de requalifier l'« état de stress post-traumatique » en « blessure de stress post-traumatique » – personne n'est responsable de cet état, c'est une réponse normale (bien que déséquilibrée) à une expérience extrême qui nous inflige une blessure dont nous pouvons guérir.

Voici quelques symptômes de trauma :

» **Colère, irritabilité, sautes d'humeur, agressivité.**

» **Choc, déni et incrédulité.**

» **Engourdissement et distance émotionnelle, sentiment de mort intérieure.**

» **Difficultés à ressentir de l'empathie et à s'engager dans des relations intimes, manque de confiance en soi et défiance envers les autres.**

» **Culpabilité, sentiment de honte à propos de quelque chose que vous avez fait ou que vous n'avez pas fait, auto-accusation.**

» **Anxiété et peur.**

» **Perception altérée du présent, flash-back, reviviscences, cauchemars. Les souvenirs de traumas passés peuvent produire le même effet sur le cerveau que si l'événement traumatique avait lieu récemment.**

» **Après un trauma, le système nerveux appréhende le monde différemment, il reste bloqué en mode de survie. Les traumas non résolus déclenchent des réactions excessives face à des situations courantes. Le système d'alarme intérieur continue d'envoyer des signaux bien après que le danger est passé, ce qui provoque hypervigilance ou engourdissement, déconnexion et fragmentation. Le cerveau rationnel peut nous aider à comprendre ce que nous ressentons, mais il est incapable de stopper ces réactions.**

» **Le sentiment de ne plus avoir d'espoir ou d'avenir.**

Comment survient un trauma ?

Quand nous nous sentons menacés, la réaction se décompose en cinq phases. Il s'agit de mécanismes de survie biologiquement programmés, non de choix conscients. Les phases ont un niveau de fonctionnement de plus en plus primitif, et plus le niveau de fonctionnement est primitif, plus les fonctions du cerveau évolué sont court-circuitées. Curieusement, le processus de guérison est identique, mais en sens inverse.

Voici les étapes de la réaction face à une menace[8] :

- **ARRÊT** : nous nous arrêtons pour observer l'environnement et voir d'où vient le danger. Nous sommes sur le qui-vive. À ce stade, nous cherchons l'aide du groupe pour nous soutenir et nous rassurer. Le nerf vague, qui fait partie du système nerveux parasympathique, est alors aux commandes et il est encore possible de rester calme, présent, et de manifester de l'empathie.

  Si l'aide n'arrive pas, alors...

- **FUITE** : nous essayons d'échapper au danger. Le système nerveux sympathique prend le dessus, agitation, anxiété ou peur caractérisent cette phase. La fuite met le cortex préfrontal hors-jeu et le système limbique est activé, nous avons plus de mal à rester calme ou empathique.

  Si la fuite n'est pas possible, alors...

- **COMBAT** : nous sommes prêts à nous défendre. Cette phase, toujours gouvernée par le système nerveux sympathique, se caractérise par de l'irritabilité, de la colère ou de la fureur. Les fonctions corticales sont hors service, comme pour la fuite.

  Si le combat ne nous protège pas, alors...

- **INHIBITION** : nous nous figeons pour échapper aux prédateurs moins enclins à manger une proie immobile. Dépenser très peu d'énergie permet également de se préparer à fuir ou combattre à la prochaine occasion. C'est le système nerveux parasympathique qui est activé, mais dans sa partie la plus primitive, la branche dorsale du nerf vague.

  Si cela ne suffit pas à nous protéger, alors...

» **SYNCOPE : nous nous évanouissons, c'est une réaction automatique du corps, un analgésique naturel est sécrété pour résister à la douleur ou à la peur, cette dissociation aide à supporter l'insupportable. Toujours induite par la branche dorsale du nerf vague, c'est la dernière étape de l'autopréservation.**

Le trauma survient sous l'effet d'une peur intense, d'une contrainte physique ou quand nous nous sentons pris au piège. La terreur paralyse ou le sentiment d'impuissance provoque une syncope. C'est cette complète immobilité associée à la peur intense qui engendre le trauma. Quand le danger est extrême et qu'il n'y a pas d'échappatoire, la réaction biologique est la paralysie. Si on survit, cet état est temporaire, mais peut se perpétuer dans certains cas. Cela se traduira par une inhibition ou un état de vigilance extrême face à une menace, là où une personne non traumatisée ne ressentira que de la peur ou de la nervosité. Si nous avons échappé à un danger en activant le mode fuir ou combattre, c'est que nous avons agi sous le coup d'une décharge d'énergie déclenchée par le réflexe de survie. Quand nous nous en sortons par l'inhibition ou la syncope, le stress est toujours là, mais comme il n'a pas pu s'exprimer, nous devons rejouer ces actions d'autoprotection pour décharger l'énergie et remettre le système nerveux en route. Micro-mouvements, frémissements ou tremblements sont autant de moyens pour vider ce trop-plein d'énergie. C'est ce que les animaux font instinctivement, mais chez les humains, le cerveau logique plus évolué interfère avec ce processus primitif. Levine émet l'hypothèse qu'on peut soigner les traumas en atténuant progressivement la réponse inhibitrice pour décharger l'énergie mobilisée par le réflexe de survie.

Si ces réponses au danger sont contrariées, le corps en garde la trace. Nos organes et nos muscles étant programmés pour réagir en cas de menace, alors notre esprit va nous signaler un pseudo-danger que nous continuons à chercher, ce qui induit une réaction de stress. Nous restons en état d'alerte, tendu, sur le fil, surexcité à cause des signaux que notre corps envoie à notre cerveau. Vous imaginez combien c'est épuisant. Si cet état se prolonge, léthargie, fatigue chronique, dépression, syndrome de l'intestin irritable, migraine, fibromyalgie et quantité d'autres troubles peuvent survenir. Il est probable que les traumas sont au cœur de bon nombre de maladies modernes.

Il faut savoir que ces mécanismes de survie sont de l'ordre du réflexe. Les cinq phases sont activées biologiquement de manière séquentielle. Si la première stratégie ne réussit pas, notre système nerveux passe à la deuxième et ainsi de suite. Nous ne choisissons pas consciemment comment réagir. Il faut le dire pour libérer les gens de la culpabilité, du jugement ou de la honte de ne pas s'être défendu. Ce n'est pas de la faiblesse. Ce n'est pas de la lâcheté. Une fois traumatisée, si la personne reste hypervigilante ou sous-vigilante, ce n'est pas volontaire, c'est un réflexe. Ne condamnons pas celui ou celle qui surréagit face à une possible menace ou qui se fige et n'arrive pas à combattre un danger réel. C'est physiologique, ce n'est pas intentionnel. Reproche ou honte sont parfaitement inappropriés, et réprimander quelqu'un dans cet état ne pourra que le traumatiser davantage. Stephen Porges propose une bonne définition du trauma comme « trouble chronique des connexions[9] ». Bessel van der Kolk ajoute que, pour résoudre un trauma, il faut « savoir ce que vous savez et sentir ce que vous sentez[10] », en exprimant votre vérité, même quand cette vérité est douloureuse, et en réapprenant la difficile tâche de vous sentir en sécurité. Ce n'est pas une mince affaire, et le processus doit être conduit en douceur par un thérapeute expérimenté.

Propriétés thérapeutiques du yoga

En parcourant ce livre, vous découvrirez de nombreuses postures de yoga. Si vous n'en avez jamais fait, si le yoga ne vous intéresse pas ou si vous vous dites que ce n'est pas pour vous, je vous en prie, restez quand même avec moi. Pensez-y comme à des étirements qui vous aident à vous renforcer et vous détendre. Tous ces exercices créent une relation plus intime au corps, ils vous permettent de refaire connaissance, parce que vous ne pouvez pas traverser des moments difficiles en restant seulement dans votre tête. Vous devez retrouver votre corps pour vous en sortir et aller mieux.

Apprendre à vous relaxer, à lâcher prise, à éprouver ou à vous sentir en sécurité dans votre corps sont autant d'aptitudes d'ordre physiologique, c'est un savoir viscéral. Intellectualiser ne sert à rien. C'est une question de sensations, de ressenti ancré dans notre système nerveux, de cellules et de fibres musculaires, de la capacité du corps à se mouvoir et à assurer sa survie. Pour supporter les moments difficiles, nous devons faire appel à l'esprit, à la respiration, au corps, au mouvement et au toucher. Le yoga est le vecteur parfait pour cet apprentissage.

Je ne parle pas du yoga habituel qui consiste à suivre un cours en groupe et à passer une heure sur un tapis. Je pense à de simples exercices que vous pouvez faire sur le canapé, au lit, par terre, debout dans la cuisine ou assis à votre bureau. Ce sera souvent une posture à la fois ou quelques enchaînements, selon votre envie. Ce livre vous guidera en douceur. Quels que soient vos aptitudes, votre âge, votre forme ou votre souplesse, vous trouverez des exercices accessibles. D'une manière générale, les postures sont plus faciles dans les parties stress et perte, et plus exigeantes dans la partie changement. On commence toujours par des postures demandant un minimum d'effort, d'énergie ou de capacité pour augmenter peu à peu la difficulté. Vous pourrez progresser à votre rythme. Chaque jour sera différent.

COMMENT LE YOGA NOUS AIDE-T-IL ?

Laissez-moi partager avec vous mon expérience. Il s'agit de ma réaction viscérale face à la lutte de mon père contre la sclérose en plaques : j'avais l'impression d'un étau qui me serrait la gorge, d'une énorme boule qui ne partait pas. J'imagine que c'était toutes ces choses que je ne pouvais pas dire. Je voulais que ses souffrances, nos souffrances, finissent, mais les mots n'arrivaient pas à sortir à cause de l'horrible réalité qu'ils signifiaient. Mon chagrin pesait tellement sur ma poitrine que j'avais du mal à respirer. Quand je m'asseyais et que j'essayais de respirer profondément, je me sentais encore plus agitée parce que mon souffle n'avait nulle part où aller. Il était bloqué et j'étais bloquée. Bouger mon corps au rythme de ma respiration m'a tonifiée. Dès cet instant, le poids s'est allégé. Je sentais de nouveau l'espace entre mes côtes, mon souffle était plus libre. Le mantra est : « Quand tu respires mieux, tu te sens mieux. »

Ce mouvement doux de yoga m'a aidée à retrouver la capacité à respirer plus amplement, et cela a transformé ma manière d'être dans mon corps et d'avancer dans la vie.

Vous avez peut-être déjà suivi un cours de yoga et senti cette vague d'émotion vous submerger intérieurement. Je me souviens avoir fondu en larmes sans véritable raison pendant l'une de mes premières expériences de yoga. Au début, je m'étais sentie déroutée, mais avec l'aide bienveillante de mon professeur, j'ai vu ce que le yoga pouvait m'apporter. Sachez que c'est tout à fait normal, nous avons parfois besoin d'avancer à petits pas pour nous sentir bien. Ce livre est justement basé sur les petits pas à faire ensemble. Le yoga nous aide à relâcher bien plus que des tensions physiques ; il permet d'apaiser des tensions émotionnelles qui ne demandent pas plus d'examen ou de réflexion. Cela peut être juste un relâchement sans une parole, ou un profond lâcher-prise quand vous êtes prêt. Apprendre à me détendre dans une posture de yoga m'a aidée à gérer ma perte. Un yoga fluide, basé sur la respiration, m'a permis de venir à bout de mon chagrin et d'arriver encore à en surmonter les vagues dix ans après.

Pour être parfaitement honnête avec vous, dans les premiers temps de ma maternité, quand mon énergie était au plus bas, j'avais l'habitude de dérouler mon tapis de yoga et de dormir dessus. Mon corps et mon esprit réclamaient sommeil, repos et tranquillité, alors c'est ce que je leur donnais. (Les semaines précédentes, je regardais des feuilletons tout l'après-midi, si vous n'êtes pas déprimé avant, vous le serez après ! J'ai eu de la chance que mon thérapeute me demande ce que je faisais pour me ressourcer. Le yoga avait toujours été mon tonique, mais il devait prendre une forme très différente. J'ai donc appris qu'il fallait tirer sagement parti de mon inactivité. Tous les loisirs ne sont pas également bons !)

Avec le babyphone à côté de moi, je me suis équipée de traversins, coussins et couvertures, et j'ai adopté une posture de yoga réparatrice. Je savais mon bébé en sécurité, je pouvais donc me permettre de me laisser aller et me reposer.

Je ne me sentais pas obligée de dormir, comme quand on s'étend pour une sieste. Si je m'assoupissais, c'était tant mieux. Si mon bébé me réveillait, cela n'avait pas vraiment d'importance puisqu'en m'allongeant seulement quelques minutes, calée par les coussins, je me sentais déjà mieux. J'ai dormi sur mon tapis pendant des mois, jusqu'à ce que mon énergie revienne et que je sente qu'il était temps de bouger.

Au départ, le yoga m'a servi à retrouver mon énergie et à reconsidérer mes émotions ; ensuite, il m'a littéralement remise sur pied. La prochaine étape de ma guérison consistait à construire cette connexion entre mon corps et mon souffle, à sentir l'ancrage de mes pieds, la force de mes jambes, de mon dos et de mon centre, à me tenir de nouveau debout, consciente de ma puissance. Quand j'ai eu l'énergie de reprendre ma pratique, j'ai compris que je pouvais m'occuper de moi et prendre des initiatives courageuses, en me fixant de nouveau des objectifs.

Ce sont des observations personnelles, mais de nombreuses recherches confirment l'influence du mouvement et des postures de yoga sur la santé mentale. Les effets antidépresseurs de l'exercice sont bien documentés[11], le mantra est : « Bougez pour la santé de l'esprit, bougez pour le moral, bougez pour le plaisir ! » Toutes les activités physiques sont bonnes, pas seulement le yoga, mais évitez les sports violents ou la gymnastique. On parle d'une marche autour du pâté de maisons, de passer l'aspirateur, de jardiner ou de disco dans la cuisine. Si vous voulez en savoir plus sur le rapport entre postures et moral, écoutez les conférences TED d'Amy Cuddy (en anglais) pour mieux comprendre leur pouvoir. Erik Peper est un psychologue dont les études novatrices ont révélé l'influence des postures sur la perception qu'on a de soi. Ses recherches montrent qu'avoir le dos rond, une position résultant de longues heures devant un ordinateur ou au téléphone (notez la similarité), affecte l'humeur et l'énergie, favorise les souvenirs négatifs[12] et l'envie de pleurer. Peper montre aussi que, dans cette position, la tête tourne moins facilement, ce qui l'amène à supposer que la personne se sentirait plus menacée et anxieuse, parce que plus vulnérable[13]. À l'inverse, quand on se tient droit, la poitrine ouverte, avec une grande amplitude de mouvement pour observer l'environnement, on se sent plus en sécurité, plus optimiste et énergique[14]. Cela n'a rien d'étonnant. Essayez par vous-même : redressez-vous, respirez profondément, et vous vous sentirez plus léger et plus sûr de vous.

PREMIÈRE PARTIE

Stress et burn-out

Le rythme de la vie actuelle est rapide et chargé pour tous, même sans les coups durs ou crises que sont les maladies, les conflits ou les ennuis professionnels. « Je n'ai pas assez de temps » est notre leitmotiv. Demandez à n'importe qui comment ça va, et il y a de fortes chances pour que la réponse contienne le mot « débordé ». Travailler de 9 h à 17 h appartient manifestement au passé et le job d'appoint est devenu la norme. Le stress est une épidémie moderne. Pour la plupart d'entre nous, il s'agit plutôt du « syndrome de l'homme ou de la femme pressé(e)[15] », mais à l'autre extrémité du spectre, il y a les états de stress aigu, les syndromes de stress post-traumatique et le burn-out.

POURQUOI SOMMES-NOUS SI STRESSÉS ?

Jetons un œil sur la nature de la vie actuelle et sur le stress. Tout n'est pas désespoir et désolation – en lisant ce chapitre, vous découvrirez, en même temps que les causes et les symptômes, des antidotes au stress. Vous découvrirez des manières de réduire les facteurs de risque et des moyens de le prévenir.

Du moment où nous ouvrons l'œil à celui où notre tête se pose sur l'oreiller, c'est une cacophonie de sons : l'alarme du réveil, les pings des notifications de l'école, du travail, de la famille, des amis, les applications qui bipent jusqu'à ce que vous les arrêtiez, les tondeuses, les voitures, les musiques d'ambiance, la musique des autres, les conversations... Notre précieux temps de repos est envahi par les écrans et tous ces bruits.

Ce n'est pas seulement une surcharge sensorielle, c'est aussi une surcharge d'informations et de choix. Nous pouvons devenir experts en n'importe quoi en un clic, en espérant seulement que la source est fiable. Un simple coup d'œil sur les rayons d'un supermarché ou une recherche sur Internet, et vous verrez pourquoi nous sommes paralysés par la quantité d'options possibles.

Prenez les transports publics à l'heure de pointe, et vous comprendrez ce que ressentent les usagers écrasés physiquement et mentalement. Promenez-vous dans n'importe quel centre-ville important, et vous découvrirez des déchets jetés par terre.

Que nous le voulions ou non, nous sommes constamment harcelés par les sollicitations de placement de produit, de partenariat rémunéré, par les affiches placardées sur tous les transports publics, les publicités dans nos journaux et nos fils d'actualité ou à la radio. Tout cela alimente une myriade de faux besoins, perpétue l'idée stupide que nous ne nous suffisons pas, crée l'insatiable envie d'acheter plus, de faire plus et d'être plus. Quand le PDG d'un grand groupe pharmaceutique annonce en public que l'intérêt des actionnaires passe avant les intérêts de santé publique[16], on se dit que notre société a du souci à se faire. Une bataille à la fois. En ce qui vous concerne, dans les moments difficiles, faites de votre mieux pour vous protéger de ce bombardement et repérer ces besoins artificiellement créés. Vous vous suffisez à vous-même, et aucun gadget clinquant n'augmentera votre bonheur ou votre valeur en tant qu'être humain.

Nous sommes plus connectés et branchés que nous l'avons jamais été, mais aussi probablement beaucoup plus isolés. Le monde est devenu plus petit avec l'arrivée des réseaux sociaux, on peut être au courant de ce qui se passe à l'autre bout de la planète, mais fragmentation et isolement augmentent, les familles sont souvent ballottées d'un point du globe à l'autre, les soutiens effectifs rendus plus difficiles. La comparaison entretenue par les réseaux sociaux contribue à alimenter un sentiment d'insuffisance, et ces nouvelles interactions sans visage favorisent le harcèlement et la solitude. En plus du fardeau du monde réel, il y a une vie sur la toile à gérer et des algorithmes à nourrir. À cause de cette omniprésence de la technologie, nous restons rarement inoccupés. Nous sommes collés à nos écrans dans les transports et, quand nous attendons quelqu'un, nous tuons le temps en scrollant. Un moment à perdre ? L'écran est toujours là pour combler le vide.

Dans notre vie, nous perdons la simple capacité à « être », nous sommes accros à la stimulation et à l'action. Embarqués dans une productivité sans fin, nous considérons l'oisiveté comme une inquiétante perte de temps. Des expressions comme FOMO (*Fear of missing out*, ou « peur de rater quelque chose » en français), « Je dormirai quand je serai mort » ou « Tu dors, t'es mort » illustrent cette glorification de l'activité. Le manque de sommeil devient un sujet de fierté. Chaque fois que j'entends quelqu'un dire que Richard Branson n'a besoin que de quatre heures de sommeil, j'explose. Un être humain adulte a besoin de dormir sept à neuf heures par nuit pour fonctionner et pour avoir les idées claires. (Si vous n'y arrivez pas, ne vous inquiétez pas, vous trouverez dans ce livre des astuces pour vous aider à y remédier !)

Dormir suffisamment n'est pas une question de paresse. Le repos n'est pas de la fainéantise, surtout quand on a du mal à trouver un bon sommeil. Nul égoïsme à prendre le temps de rituels réparateurs quand on vit des moments difficiles, qu'on récupère d'une épreuve ou qu'on cherche à éviter de toucher de nouveau le fond à la prochaine crise. Est-ce qu'on félicite quelqu'un qui ne boit que deux verres d'eau par jour ? Alors pourquoi ce serait différent pour le sommeil !

La vie nous agresse de toutes parts - environnement, travail, vie familiale ou situation politique instable. Ces inquiétudes sont réelles et la charge mentale et émotionnelle énorme. Beaucoup d'entre nous se sentent écrasés par trop de pression pour avancer ou simplement continuer. De nombreux parents, en plus de s'occuper de leurs enfants, croulent sous les charges financières, même si les grands-parents aident. Chacun fait son possible. Dès leur plus jeune âge, nos enfants sont soumis aux

mêmes exigences de compétition et de résultats, avec tout un programme d'activités extrascolaires, des cours particuliers, du sport et aussi de la musique, puis de réussite aux examens, de brillantes carrières et de luttes pour accéder à l'Instagloire.

Si vous vous sentez éreinté, est-ce vraiment étonnant ? Oubliez la culpabilité, laissez tomber les reproches. La vie est ce qu'elle est, mais vous pouvez la vivre différemment. Il n'y a pas de mal à faire une pause. Nous devons tous apprendre à ralentir. Nous devons réclamer la possibilité de nous détendre ! Donnons-nous la permission de dormir, de nous reposer, de profiter de l'instant. Il n'y a que 24 heures dans une journée, à nous de voir comment utiliser ce temps. La technologie et les réseaux sociaux ont révolutionné nos vies, et maintenant, c'est à nous de les employer à notre avantage, avec un usage raisonné et sans oublier de nous débrancher et de nous recharger, comme pour nos appareils. C'est ce que nous devons faire pour gérer nos tâches quotidiennes, mais il faut y ajouter une bonne dose de tendresse et y aller doucement quand la vie nous bouscule.

Nous ne pouvons simplement pas nous permettre de laisser s'installer le stress. Il a de lourdes conséquences sur notre santé, notre bien-être, nos relations, notre vie professionnelle et le simple plaisir de vivre. On sait le stress responsable de quantité de troubles mentaux, émotionnels et physiques, comme la dépression, l'anxiété, les douleurs thoraciques, les infarctus, l'hypertension, les accidents vasculaires, l'obésité, les maux de tête, les problèmes gastro-intestinaux, les maladies de peau ou l'insomnie.

MAIS il a aussi du bon !

Il faut savoir que tous les stress ne sont pas négatifs. Le bon stress en juste quantité est celui qui nous permet de grandir et de nous engager dans la vie. Sans stress, nous nous ennuierions très vite. Le stress nous fait progresser, et les leçons que nous tirons de ces expériences ne font pas qu'augmenter notre résistance et révéler nos forces, elles motivent et donnent aussi du sens à la vie. Voyez toutes ces personnes admirables qui ont surmonté des épreuves et réussi à changer le monde.

Les chercheurs ont établi une distinction entre le stress négatif, comme après une rupture, qui est appelé « détresse », et le stress positif, par exemple après une promotion, nommé « eustress[17] », qui est bon pour nous. Après avoir vu les effets délétères du stress, voyons maintenant ses aspects bénéfiques.

Le stress est inévitable, mais il est aussi un terreau fertile pour l'évolution. C'est notre attitude qui le rend bénéfique ou non. Les psychologues ont inventé l'expression d'« état de stress[18] » pour qualifier notre relation au stress. Quand des défis stressants sont l'occasion pour nous de développer notre concentration, stimuler notre motivation et apprendre, on parle d'un « stress positif ». En revanche, considérer le stress comme épuisant et désagréable est caractéristique d'un état de « stress négatif ». Les études montrent que notre attitude par rapport au stress influe sur la manière dont il nous affecte[19] – modifier notre état d'esprit pourrait donc en partie nous en protéger. C'est ce que dit si bien Kelly McGonigal : « Alors que l'excès de stress est nocif, ce qui le cause est souvent ce qui rend la vie digne d'être vécue[20]. » Sa conférence TED *How to make stress your friend*[21] (« Comment faire du stress votre ami », en anglais, sous-titrée) est très inspirante.

Les bénéfices du stress

- Le stress motive, stimule les performances et l'efficacité, aide à affronter les défis quotidiens – pensez à ces dates butoirs qui vous poussent à agir.

- Un stress de courte durée booste vos facultés mentales. Des études suggèrent qu'il serait bénéfique pour la mémoire, la concentration et les fonctions cognitives[22].

- Un stress de courte durée peut stimuler vos défenses immunitaires[23].

- Le stress peut augmenter votre résistance[24]. Même les crises ont, avec le temps, leurs avantages, comme le montre la récupération post-traumatique.

- Un stress gérable protège contre les radicaux libres responsables du vieillissement et de maladies[25].

- Le stress peut améliorer les relations[26]. Quand il se manifeste lors d'une expérience partagée, il augmente notre sentiment de connexion. Se tourner vers ceux qu'on aime dans des moments difficiles renforce les liens. Les expressions d'amour et d'empathie sont profondément réconfortantes.

- N'oublions pas que le stress est aussi indispensable à notre survie – c'est un signal d'alarme qui déclenche le réflexe de fuir ou de combattre et nous pousse à agir pour nous protéger.

QU'EST-CE QUE LE STRESS ?

Dans sa définition la plus simple, le stress est une réaction de notre corps face à une situation ou un événement. L'intensité varie selon les individus, mais généralement, il est provoqué par quelque chose de nouveau ou d'inattendu, une menace pour notre sécurité, le sentiment d'une perte de contrôle ou d'une inadéquation entre nos moyens et le problème qui se présente. Quand nous sommes confrontés à un facteur de stress, le réflexe de fuir ou de combattre (prévu pour se déclencher à la vue d'un tigre à dents de sabre, mais aujourd'hui, notre boîte mail peut provoquer le même tsunami hormonal) est activé pour répondre au danger. Comme nous l'avons déjà vu page 54, si ce réflexe est déclenché de manière répétitive ou que le stress devient excessif ou chronique, les conséquences sont épuisantes, le corps étant constamment en état d'alerte maximale.

Comment savoir si on est « stressé » ? Quels sont les symptômes ?

Le stress se manifeste de bien des manières et peut changer avec le temps. Nous avons chacun nos propres symptômes ou signaux d'alerte, vous devez donc savoir comment le stress se manifeste chez vous afin de pouvoir réagir rapidement.

» Nous le ressentons physiquement, sous forme de douleur ou de tension, accélération du rythme cardiaque, mains moites, étourdissement, vertiges, nervosité et fébrilité ou léthargie et pesanteur.

» Il peut affecter notre système immunitaire, affaiblir nos défenses. Maladies et problèmes de santé ont tendance à durer ou à se répéter.

» Nous le sentons dans nos tripes, avec des ballonnements, maux d'estomac, problèmes digestifs.

» Le mental et l'humeur sont touchés. Cela donne lieu à diverses manifestations : irritabilité, négativité, inquiétude ou ruminations, sentiment d'être dépassé, difficultés à se concentrer ou à avoir l'esprit tranquille, oublis.

» Il peut influer sur l'énergie, se manifestant par de la fatigue ou une perte de désir sexuel.

» Il perturbe notre sommeil. Malgré l'épuisement, il nous empêche de nous endormir, nous rendormir ou bien dormir, ce qui peut provoquer des insomnies matinales.

STRESS OU BURN-OUT, QUELLE DIFFÉRENCE ?

Stress et burn-out[27] paraissent proches au point qu'il est parfois difficile de savoir où finit l'un et où commence l'autre. Le stress est la phase initiale du burn-out ; s'il est excessif et prolongé, il peut provoquer un burn-out, lequel se traduit par un état d'épuisement émotionnel, mental et physique, le sentiment d'être complètement dépassé et incapable de s'en sortir. Si le burn-out est impossible sans stress, le stress n'entraîne pas forcément un burn-out.

En général, on se sent stressé parce qu'on a trop à faire en même temps, on peut donc imaginer qu'on ira mieux quand tout sera réglé. On est en burn-out quand les batteries sont à plat, on est épuisé, vidé, on ne s'intéresse plus à rien. Dans cet état, les problèmes paraissent insurmontables, on a du mal à trouver de l'énergie pour quoi que ce soit, on se sent de plus en plus impuissant et désespéré. On finit par avoir l'impression de n'avoir plus rien à donner. Alors qu'on est très conscient de son stress, le danger avec le burn-out est qu'on y glisse insensiblement. Le risque est de s'habituer à cet état de stress permanent à la limite du burn-out. Il faut donc prendre garde aux signes avant-coureurs comme les troubles du sommeil, une fatigue continuelle, des difficultés de concentration ou des douleurs inexpliquées, et guetter la survenue de comportements compensatoires (dépendance à l'alcool, au sucre ou à la caféine).

STRESS

Au secours ! J'ai besoin d'un jour de plus dans la semaine !

Trop à faire ou trop d'effort

Émotivité ou hyperémotivité

Sentiment d'urgence ou hyperactivité

Baisse d'énergie

Risque d'anxiété

Les conséquences sont d'abord physiques

BURN-OUT

Arrêtons tout, je veux partir.

Désintérêt ou incapacité à faire le moindre effort

Émotions distantes, amorties ou émoussées

Sentiment d'impuissance et désespoir

Absence de motivation ou d'espoir

Peut conduire à la dépression

Les conséquences sont d'abord émotionnelles

Quelles sont les causes du burn-out ?

Traditionnellement, on pensait le travail responsable du burn-out, mais nous y sommes tous exposés, que ce soit à cause de notre profession ou d'autres exigences et responsabilités. C'est le cas des parents, des aidants ou des athlètes.

Causes de burn-out liées au travail (c'est aussi valable dans la vie privée) :

» Sentiment de perte de contrôle, manque de ressources nécessaires pour travailler efficacement ou impossibilité d'influer sur des décisions qui vous concernent.

» Sentiment de ne pas être apprécié, de manquer de reconnaissance ou de ne pas récolter les fruits de son travail.

» Attentes professionnelles mal définies, déraisonnables ou irréalistes.

» Tâches monotones, ennuyeuses ou travail sans enjeu.

» Travail qui ne demande pas d'effort et ne suscite pas d'intérêt.

» Environnement de travail stressant, dysfonctionnel, toxique ou chaotique.

» Conflit entre les valeurs professionnelles et personnelles.

Causes de burn-out liées au mode de vie :

» Mauvais équilibre entre vie professionnelle et vie privée.

» Manque de soutien social.

» Surinvestissement, trop de responsabilités endossées.

» Dans le cas du burn-out sportif, les deux causes principales sont le surentraînement et un temps de récupération insuffisant. Cela ne concerne pas seulement les athlètes, tout le monde peut se surmener.

Traits de personnalité y contribuant :

» Perfectionnisme.

» Pessimisme.

» Personnalités aux exigences élevées.

» Besoin permanent de contrôle et difficultés à déléguer ou à demander de l'aide.

Causes culturelles :

» Profusion de messages encourageant le consumérisme.

» Glorification du travail et de la productivité.

» Priorité donnée au profit.

Quels sont les symptômes du burn-out ?

Signes physiques : fatigue permanente, même quand on dort assez, hypersensibilité au bruit, maux de tête fréquents, palpitations, souffle court, douleurs et tensions musculaires, grande difficulté à se relaxer, système immunitaire en berne et maladies fréquentes, problèmes intestinaux, modification de l'appétit, nausées, insomnie.

Signes émotionnels : sentiment d'échec, de déroute, détachement et isolement, perte de motivation et d'espoir, engourdissement ou diminution du plaisir et de la satisfaction. Sentiment de ne pas être « soi ». On est au bord des larmes, hyperréactif, irritable, colérique, cynique ou apathique.

Signes mentaux : indécision, manque de concentration et de mémoire, difficultés à débrancher, tension, esprit brumeux, sentiment de trop-plein, anxiété, dépression, paranoïa.

Les tests d'inventaire de burn-out de Maslach[28], conçus pour mesurer ce syndrome, peuvent vous aider à savoir où vous en êtes et vous encourager à consulter un médecin.

Que devons-nous faire en priorité en période de stress et de burn-out ? Comment nous soigner ? Comment nous protéger de nouveaux épisodes ? Voyez la roue de la vitalité page 70, où sont détaillés les choix de vie et les habitudes. Nous développerons chacun d'eux grâce aux rituels.

Les compétences clés pour gérer stress et burn-out

Pleine conscience : pour renforcer votre capacité à remarquer ce qui se passe en vous, les signaux d'alarme, ce que vous exprimez, et pour maîtriser votre réponse. Pour développer votre aptitude à l'auto-examen et engager rapidement des actions réparatrices.

Connexion avec votre corps : pour observer ce que vous ressentez, trouver les mots pour exprimer vos sensations, écouter les messages de votre corps et lui témoigner de la tendresse.

Capacité de détente : pour comprendre la différence entre tension et détente, pour réussir à relâcher consciemment les tensions physiques.

Gestion de l'énergie : pour vérifier votre niveau d'énergie, vous stimuler et améliorer votre humeur.

Respiration : pour retrouver la capacité à respirer naturellement et amplement, pour vous aider à revenir en vous, à être votre propre refuge.

LES ANTIDOTES AU STRESS ET AU BURN-OUT : CE QUE VOUS POUVEZ FAIRE

SOMMEIL, REPOS, RELAXATION ET RESPIRATION : faites-en votre priorité et appréciez leur valeur ! Constituez-vous une trousse à outils de bonnes pratiques et préservez des moments sans stimulation. Comprenez mieux quand forcer et quand relâcher.

VALEURS ET MOTIVATIONS : qu'est-ce qui compte le plus pour vous ? Comprenez les causes de votre stress ou de votre burn-out.

OBJECTIFS : il s'agit de s'apaiser et de se relaxer, de se ressourcer et de se rétablir, moins de combats !

BOOSTEURS D'HUMEUR : gratitude, gentillesse, calme, temps et énergie forment une alchimie efficace pour l'humeur, tout comme les odeurs et les couleurs.

EXERCICE ET NUTRITION : bougez pour votre santé mentale, mais doucement pour récupérer, pas d'efforts violents ou épuisants. Stimulez votre humeur en mangeant pour contrer le stress ou le burn-out, et employez des stratégies simples comme l'organisation et la planification.

CAPACITÉS D'ADAPTATION : gérez le stress positif, posez des limites, utilisez bien toutes les techniques.

ENVIRONNEMENT PHYSIQUE : sortez au grand air et privilégiez un cadre harmonieux chez vous.

INTERACTIONS SOCIALES : à quels proches faire appel ? Demandez de l'aide en choisissant sous quelle forme vous le faites, adaptez la nature des interactions sociales à votre niveau d'énergie.

Arrangez-vous un endroit dans la maison pour en faire votre havre de paix.

PETITS RITUELS ANTISTRESS ET BURN-OUT

Se recharger sans effort

Quand vous êtes stressé, épuisé ou en burn-out, vous avez besoin de stratégies pour récupérer de l'énergie sans vous fatiguer. Il faut vous en donner les moyens.
Voici quelques suggestions :

Profitez des propriétés thérapeutiques de la nature : quand l'énergie est au plus bas, tournez-vous vers la nature pour vous revigorer. Émerveillez-vous de la beauté d'une fleur. Imprégnez-vous de la chaleur du soleil sur votre peau ou gorgez-vous de sa lumière. Suivez le mouvement des nuages en vous souvenant que les choses changent vite. Laissez la brise évacuer l'énergie stagnante et vous débarrasser de tout ce dont vous n'avez plus besoin. Laissez aussi la pluie nettoyer et laver ce qui a été fait.

Cherchez du réconfort dans votre environnement intérieur :
il ne s'agit pas de vivre dans un appartement-témoin, mais de savoir que de l'ordre extérieur naît l'harmonie intérieure. Un peu de rangement ou de nettoyage peuvent vous aider à éclaircir vos pensées. Arrangez-vous un endroit dans la maison pour en faire votre havre de paix. Cela peut être un coin ensoleillé, un fauteuil, un lit avec une parure que vous aimez. Disposez dans votre intérieur des éléments réconfortants :
une plante près de votre lit, un coussin sur le canapé ou
une couverture dont vous aimez la couleur ou la matière,
une photo dans la cuisine que vous pouvez regarder en faisant la vaisselle ou un vase avec un bouquet sur la table de la salle

à manger. Vaporisez un spray d'ambiance ou allumez une bougie parfumée pour créer une atmosphère chaleureuse. Pas besoin de dépenser beaucoup, juste de quoi ancrer votre attention et vous apaiser.

Sonothèque inspirante : constituez-vous une sonothèque de podcasts, de conférences TED, de livres audio, de relaxations guidées ou de yoga nidra. Quand vous vous sentez vidé, puisez dans ces ressources pour vous stimuler et vous redonner des forces.

Planter une graine : vos problèmes vous paraissent-ils plus gérables ou vous sentez-vous mieux armé quand votre niveau d'énergie est élevé ? Avez-vous d'autres manières de vous ressourcer ?

Vaporisez un spray d'ambiance ou allumez une bougie parfumée pour créer une atmosphère chaleureuse.

Relaxation

Ce n'est pas du superflu, de la paresse ou juste un « truc agréable ». C'est essentiel, et voilà pourquoi :

» Ralentir permet de nous synchroniser avec nos rythmes naturels pour entendre les messages de notre corps, comme la faim, la fatigue ou l'anxiété. En étant attentifs à ces signaux, nous pouvons avoir une action ciblée et retrouver notre équilibre plus aisément.

» La relaxation facilite la guérison, la détoxification et la réparation cellulaire, renforce le système immunitaire et calme le système nerveux. Si vous ne trouvez pas le temps de vous reposer et de vous rétablir, votre corps le fera pour vous, souvent au moment le moins opportun, en vous forçant à vous reposer par le biais d'une maladie ou une blessure.

» Les temps morts nous offrent l'opportunité de réfléchir, favorisent la créativité.

» Les exercices de relaxation, comme la pleine conscience, modifient la structure du cerveau[29], stimulent la résistance et la santé de l'esprit.

Qu'est-ce que la relaxation ?

La relaxation est un état de calme, d'aisance, d'harmonie et de paix, doublé d'une douce plénitude. Savoir ce qu'elle n'est pas aide à mieux la comprendre : elle n'est pas effort, tension, ambition, contrainte ou conflit.

Apprendre à se relaxer

La relaxation est un antidote au stress, il est d'ailleurs impossible d'être à la fois détendu et stressé, étant donné que ce sont des parties opposées du système nerveux qui sont activées. Pour réussir à lâcher prise, nous devons d'abord apprendre la différence entre tension et relaxation. Nous sommes rarement conscients de la tension présente dans notre corps, ce qui la rend très difficile à évacuer. Même quand nous pouvons précisément situer ses nœuds, nous ne savons pas comment les dénouer. Des exercices physiques modérés permettent de s'en libérer facilement. On pense souvent que se relaxer veut dire « ne rien faire » – le repos est une possibilité, mais il existe beaucoup d'autres pratiques douces tout aussi efficaces. L'enchaînement de la page 78 vous connecte à votre centre en le renforçant. Il exige peu d'effort et vous détend sans même y penser.

Connexion au centre

Allongez-vous sur le dos, les genoux pliés et les pieds à plat sur le sol. Observez ce que vous ressentez dans cette position, relaxez tout le corps. Ce n'est pas grave si vous avez du mal à rester immobile et si votre esprit vagabonde. Portez votre attention sur vos mains et vos pieds. Posez les paumes à plat sur les cuisses. En inspirant, laissez votre corps se détendre sans rien faire d'autre. En expirant, pressez fermement vos pieds sur le sol et vos mains sur vos cuisses, sentez les muscles mobilisés dans les bras, la poitrine, le ventre et les cuisses. Vous serez peut-être étonné de sentir que les abdominaux travaillent aussi. N'essayez pas de les contracter, constatez juste leur engagement grâce à l'action de vos mains et de vos pieds. Relâchez-vous tout au long de l'inspiration et pressez de nouveau fermement mains et pieds en expirant. Après dix répétitions, reposez les bras dans une position confortable et rapprochez les genoux. Voyez comme il vous est plus facile maintenant de vous détendre et comme votre esprit est plus concentré sur le moment présent. Le rythme de votre respiration vous paraît-il différent ? Il est peut-être un peu plus lent.

Ensuite, allongez vos bras de chaque côté du corps, paumes au sol, pour vous préparer au pont dynamique. En inspirant, soulevez les bras par-dessus la tête, puis posez-les sur le sol derrière vous. En expirant, ramenez les bras de chaque côté du corps et soulevez le bassin et la poitrine aussi haut que possible. Inspirez

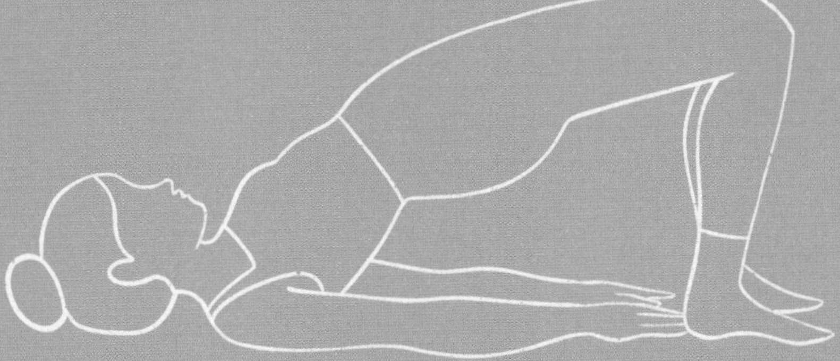

en abaissant le bassin et en soulevant les bras, expirez en baissant les bras et en soulevant le bassin. Répétez dix fois. Sentez la contraction des fesses et des cuisses, et le puissant étirement du torse en faisant le pont. Cet exercice fait circuler l'énergie dans les jambes, le bassin, l'abdomen et le bas du dos. Sentez votre respiration dans le ventre – elle a plus d'espace maintenant. Voyez s'il y a une relation entre l'amélioration de votre respiration et votre mental.

Enfin, après avoir fait doucement travailler votre corps et stimulé votre concentration, reposez-vous dans la posture du papillon. Placez un coussin sous votre tête, pliez les genoux, écartez-les, et abaissez-les vers le sol en rapprochant la plante des pieds (mettez des coussins sous les genoux pour plus de confort et de soutien). Vous pouvez mettre un masque de sommeil sur vos yeux pour cacher la lumière. Vous avez l'impression que la terre vient vers vous et soutient tout votre corps. Vos mains reposent sur votre ventre et se soulèvent au rythme de votre respiration. Il y a au plus profond de votre ventre un réservoir de bienveillance et de calme. Laissez se reposer votre esprit et restez aussi longtemps que vous voulez – dix respirations ou dix minutes.

Planter une graine : en pratiquant régulièrement cet enchaînement, notez si vous êtes plus conscient des tensions qui s'accumulent dans votre corps au fil de la journée. Voyez si vous êtes plus à l'écoute de votre corps et si vous comprenez mieux ce que vous devez laisser partir ou garder. Votre corps vous dira quoi faire. Avec le temps, cet exercice vous allégera et vous apaisera au quotidien, même dans des moments difficiles.

Jeux de mains

Essayez cet enchaînement de yoga pour les mains à votre bureau, devant l'évier de la cuisine ou sur votre canapé. Utilisez-le pour stimuler la circulation et la sensibilité dans vos doigts, vos mains et vos membres, et pour vous apaiser. Croisez les mains, la droite au-dessus, et gardez-les serrées un moment. Changez en plaçant votre main gauche au-dessus et tenez un moment. Alternez dix fois de suite à un rythme modéré. Secouez les mains et sentez l'énergie y circuler. Entrelacez les doigts et pressez fermement vos mains l'une contre l'autre. Décroisez les doigts et recommencez en intervertissant les pouces. Alternez de nouveau entrelacement et pression dix fois de suite à un rythme modéré. Étirez les bras devant vous, paumes face à face. Mettez le bras droit sur le gauche, tournez les pouces vers le sol et entrelacez vos doigts. Abaissez vos mains, puis relevez-les aussi loin que possible sans décroiser les doigts. Répétez ce mouvement six fois. Répétez l'enchaînement avec le bras gauche au-dessus. Posez vos mains en coupe sur vos cuisses et sentez vibrer l'énergie. Restez assis tranquillement, sans effort, et laissez cette chaleur se répandre doucement en vous.

Planter une graine : chaque fois que vous sentez monter la tension, répétez cet enchaînement d'exercices pour ancrer votre esprit dans l'instant. Observez ce que vous éprouvez ensuite. Avec de la pratique, êtes-vous capable de mieux repérer la tension et de la relâcher avant que le stress et la pression montent ?

Ralentissez

Nous sommes souvent sur pilote automatique, traversant la journée à toute vitesse. Ralentissez, prenez le temps de faire chaque action et vous remarquerez que la tonalité de votre journée change. L'urgence, la vitesse ne nous font pas gagner du temps. En étant attentifs, nous sommes plus efficaces, et le travail est généralement mieux fait du premier coup. Commencez par être présent dans vos actions : observez comment vous appliquez votre crème, vous brossez les dents, mangez – même savourer quelques bouchées suffit –, vous douchez, pliez votre linge ou videz le lave-vaisselle. Parents, armez-vous de patience, mais essayez de ralentir pour marcher au pas de votre enfant. Inévitablement, votre voix intérieure vous dira : « Tu n'as pas le temps pour ça » et le stress va monter. Chaque fois, répétez-vous : « J'ai tout le temps voulu. » Même si vous n'y croyez pas, c'est un bon moyen pour vous détourner de l'affirmation précédente.

Planter une graine : notez quand vous accélérez ou quand vous faites des erreurs. Expirez à fond et obligez-vous à ralentir. Rappelez-vous que vous n'aurez pas à recommencer si vous travaillez soigneusement. Éprouvez-vous plus de moments de plaisir quand vous prenez votre temps ?

Auto-examen

Prenez l'habitude de sonder votre tête, votre cœur et votre corps à différents moments de la journée. Que ce soit en vous levant le matin, en montant dans votre voiture, en revenant de l'école, en vous asseyant à votre bureau, avant de déjeuner, au moment de la baisse d'énergie de 14 h, après le dîner ou avant d'aller au lit. Pouvoir observer comment on se sent est fondamental. Cette vérification en pleine conscience permet de repérer les signaux intérieurs, comme la faim, la fatigue, la tension ou la douleur, la capacité de concentration, un sentiment de solitude ou le désir d'être seul, ou tout autre émotion. Observez sans juger ni critiquer pendant une minute ou moins, même si vous êtes pressé. Émettez l'intention de répondre avec amour à tous vos besoins.

Planter une graine : qu'est-ce que la pratique de cet exercice vous apprend sur vous-même? Les causes de votre stress ou burn-out, vos signaux d'alarme? Avec le temps, pouvez-vous les repérer plus vite et mieux vous contrôler?

Réinvestissez votre corps

Pour avoir une meilleure perception de votre corps, il est utile de disposer d'un large vocabulaire de sensations physiques. Réfléchissez-y et référez-vous à cette liste de mots quand vous êtes engagé dans une vérification en pleine conscience ou pendant une séance de yoga. Votre sensation est-elle :

coupante, émoussée, irradiante, pulsante, filante, palpitante, effervescente, piquante, lancinante, chaude, froide, serrée, lâche, filandreuse, douloureuse, lourde, légère, contraignante, détendue, ouverte, spacieuse, expansive, faible, frissonnante, fluide, bloquée, gelée, engourdie, attrayante, flottante, outrée, effrayante, floue, crispante, frémissantes, vibrante, dense, faible, enivrante, enflée, lisse, douce, énergisante ?

Où observez-vous ces sensations et se modifient-elles avec le temps? Portent-elles un message? Est-ce qu'elles suggèrent une réaction? Ce n'est ni bien ni mal, laissez-vous simplement guider par la curiosité.

Planter une graine : en enrichissant votre vocabulaire de sensations, êtes-vous plus conscient de votre corps? Êtes-vous plus en harmonie avec lui et prêt à lui manifester plus de tendresse et de douceur?

Un rituel pour reposer vos sens

L'antidote à toutes les surcharges sensorielles de la journée est de se faire couler un bain et d'émettre l'intention de rétablir son énergie. Ce n'est pas le moment de réfléchir à tout ce que vous avez à faire, jouissez juste de cette absence d'effort et de stimulation. Prévenez que vous ne voulez pas être dérangé et, si vous avez des enfants, confiez-en la garde pour pouvoir vous reposer.

Ajoutez quelques cristaux de chlorure de magnésium aux propriétés anti-inflammatoires, de la lavande au parfum apaisant ou du sel d'Epsom pour une profonde relaxation musculaire. Visualisez les tensions et les problèmes qui s'évacuent et se dissolvent dans l'eau du bain. Plongez la tête sous l'eau et observez le profond silence. Fermez les yeux et reposez vos sens. Il n'y a rien à faire, juste à vous laisser aller. Si vous vous sentez somnolent, restez ainsi pendant un moment, puis reposez votre tête contre le bord de la baignoire et prenez conscience de votre corps qui s'alanguit, réchauffé et soutenu par l'eau. Il ne s'agit pas de vous endormir, mais d'être attentif à la sensation du corps qui se détend. Si votre esprit vagabonde, répétez un mantra pour qu'il reste ancré. Essayez : « Le monde peut attendre » ou « On n'attend rien de moi pour l'instant. »

Petit avertissement à propos de cet exercice : du fait de notre dépendance à l'activité et de notre état d'hypervigilance, la relaxation peut nous mettre mal à l'aise. Notre agitation continuelle nous distrait de nos pensées et sentiments ; nous arrêter pour nous retrouver face à ces expériences intérieures a de quoi perturber. Si c'est votre cas, ne forcez pas. Des recherches montrent d'ailleurs que vous n'êtes pas le seul... Dans onze études, les participants ont préféré subir une décharge électrique plutôt que de rester avec leurs pensées ! Ce qui suggère que la plupart d'entre nous aiment mieux faire quelque chose plutôt que rien, même quand ce rien est positif[30]. Si vous relaxer sans bouger est difficile, n'abandonnez pas, mais ajoutez d'autres pratiques centrées sur le mouvement ou la nature.

Planter une graine : au cours de la journée, décidez de noter les moments sans effort et imprégnez-vous de ces instants de paix. Pensez aussi à ce qui vous maintient et vous soutient dans la vie – la chaise qui vous supporte, le lit sous votre corps, la terre sous vos pieds ou les bras aimants qui vous enveloppent dans une chaleureuse étreinte. Éprouvez cette sensation viscérale d'être réconforté et entouré d'attentions.

Le pouvoir thérapeutique de la respiration

La manière dont nous respirons influe fortement sur ce que nous ressentons. Quand nous sommes stressés, la poitrine est oppressée, le souffle court et rapide. Respirer plus lentement et amplement avec le ventre permet de se calmer. Cela n'a rien de magique. Une respiration détendue stimule le nerf vague, ce qui active le système nerveux parasympathique qui agit sur le repos et la digestion. Quand nous respirons mieux, nous sommes naturellement plus empathiques, plus créatifs et plus résistants face au stress. Une bonne maîtrise du souffle permet de stimuler les interactions sociales en envoyant davantage de sang dans les aires cérébrales responsables de la résolution des problèmes. C'est l'inverse du réflexe fuir ou combattre, qui dirige l'afflux sanguin vers les extrémités des membres pour préparer à l'action. Se concentrer sur sa respiration est un excellent moyen de rester ancré dans le présent et une technique imparable pour éviter les pensées indésirables. En respirant mieux, on se sent mieux.

Principes de base de la respiration : utiliser le mouvement

Le meilleur moyen pour commencer est de coordonner respiration et mouvement. Au lieu d'essayer de respirer d'une certaine façon, concentrez-vous sur des mouvements associés à la respiration. Vous vous êtes sans doute déjà aperçu qu'essayer de respirer profondément quand vous êtes anxieux ou stressé amplifiait votre nervosité. La solution consiste à faire des mouvements en se calant sur l'inspiration et l'expiration.

Allongez-vous jambes tendues et bras le long du corps. Pendant quelques minutes, contentez-vous d'observer ce que vous ressentez dans cette position, gardez une respiration normale. Soyez attentif à son rythme, à son circuit dans votre corps et à sa qualité : est-elle égale, saccadée, régulière, irrégulière, courte, superficielle, profonde, contrainte, ample, facile, difficile, bruyante ou calme? Ce sera votre point de référence pour mesurer les changements survenus naturellement.

En inspirant, levez les bras vers le plafond, puis étendez-les sur le sol derrière vous, en étirant la pointe des pieds en même temps. Observez une pause à la fin de l'inspiration. En expirant, ramenez les bras le long du corps et fléchissez les pieds. Observez une pause à la fin de l'expiration. Adaptez le mouvement au rythme de votre respiration (ne vous épuisez pas à terminer un mouvement si vous n'avez plus de souffle, mais bougez simplement plus vite pour respecter le rythme naturel de votre respiration). Il est inutile d'aller très lentement, il faut juste que vous vous sentiez à l'aise en répétant dix fois le mouvement des bras coordonné à la respiration. Observez comment lever les bras vous aide à inspirer plus profondément en étirant la cage thoracique, et comment les baisser en expirant accentue l'action du diaphragme, ce qui permet de vider plus complètement les poumons. Restez concentré sur les mouvements, ils doivent être fluides pour vous aider à respirer plus amplement.

Vous remarquerez que le devant du corps s'étire bien sur l'inspiration et que le dos s'allonge sur l'expiration. Profitez de l'occasion pour éprouver ces sensations. Revenez maintenant à votre position de départ et observez votre respiration. S'est-elle modifiée par rapport à précédemment – son rythme, sa localisation ou sa qualité ? Notez-vous d'autres effets sur votre niveau d'énergie, votre concentration ou la nature de vos pensées ? En pratiquant souvent cet exercice, vous aurez peut-être envie d'ajouter un mantra au mouvement. Sur l'inspiration, répétez intérieurement : « Je reçois. » Sur l'expiration, dites : « Je relâche. »

Planter une graine : au cours de la journée, prenez un moment pour observer votre respiration. Il ne s'agit pas d'y penser ou de modifier consciemment son rythme, mais d'être juste attentif aux sensations. En observant simplement la respiration, elle se régule et s'apaise d'elle-même. Entraînez-vous quand tout va bien pour être prêt à utiliser cet outil dans les moments difficiles. Que peut vous apporter votre respiration lors d'épisodes stressants ?

Base de la respiration : utilisation du son

La « respiration de l'abeille », qui ressemble à un bourdonnement, est une autre manière de cultiver un sentiment de calme. Des recherches ont montré que cette pratique est même plus efficace pour réduire le stress que la seule observation de la respiration ou des pensées. La longueur de l'expiration et la vibration augmentent potentiellement l'effet apaisant en procurant à l'esprit un autre point d'ancrage[31]. Asseyez-vous le dos droit, les épaules détendues et respirez deux fois naturellement. Si vous vous sentez bien, fermez les yeux. Commencez la respiration de l'abeille en gardant les lèvres closes, inspirez par le nez, puis expirez en produisant un « mmm », comme un bourdonnement. Répétez en inspirant par le nez et en bourdonnant sur l'expiration pendant quelques minutes ou aussi longtemps que vous voulez. Quelques séances peuvent suffire à développer une plus profonde appréciation ou acceptation du silence.

En observant simplement la respiration, elle se régule et s'apaise d'elle-même. Entraînez-vous quand tout va bien pour être prêt à utiliser cet outil dans les moments difficiles.

Un rituel de toucher apaisant

Le toucher, qu'il soit de quelqu'un ou auto-administré, libère de l'ocytocine. Cette hormone, qui permet de contrer le stress, donne un sentiment de sécurité. Elle facilite les liens sociaux, l'amour et l'attachement, stimule la résistance en aidant le corps à s'adapter au stress et à récupérer. Le toucher, par le massage du visage, de la tête, du cou ou des épaules, a un effet profondément réparateur.

Observez comment vous vous sentez avant de pratiquer ces exercices, soyez attentif à votre respiration, votre degré de tension, votre état d'esprit et votre humeur. Faites tout l'enchaînement ou seulement une partie, et voyez comment vous vous sentez après.

Friction de l'épaule : posez la main droite sur l'épaule gauche, au niveau de la nuque. En appuyant bien le bout des doigts, pressez en suivant le bord de l'épaule. Répétez six fois de suite en allant chaque fois le plus loin possible du cou. Faites de même de l'autre côté.

Rotation de la tête : relâchez les bras le long du corps et détendez les épaules. En gardant le menton parallèle au sol, tournez la tête vers la droite, puis vers la gauche. Répétez trois fois de chaque côté pour dénouer le cou.

Rotation des épaules : posez le bout des doigts sur chaque épaule. Soulevez les coudes en inspirant, baissez-les en expirant, six fois. Sentez comme cela libère votre poitrine et vos épaules en vous redressant.

Étirement du cou : baissez le menton vers la poitrine. Appuyez fermement vos doigts dans le creux formé à la base de chaque clavicule, comme si vous vouliez vous y suspendre. Maintenez la pression en relevant le menton et en étirant le cou. Répétez deux fois en éloignant un peu plus les mains.

Massage de la mâchoire : posez les trois premiers doigts de la main un peu en dessous des tempes, puis faites-les glisser lentement le long de la mâchoire en appuyant fermement. Répétez trois fois en gardant la bouche ouverte.

Tirer et frotter les oreilles : prenez vos lobes et tirez-les trois fois de suite vers le bas. Posez le majeur et l'index sur chaque tempe et massez l'arrière de l'oreille de haut en bas, trois fois.

Pression orbitale : avec la pulpe des doigts, appuyez fermement sur l'os des pommettes, à l'aplomb du milieu de l'œil, puis avancez progressivement jusqu'aux oreilles. Ce massage stimule la circulation et relâche les tensions. Revenez à votre point de départ et terminez par une pression plus accentuée.

Pression temporale : posez les pouces sur les tempes et le bout des doigts sur le front. Imaginez l'emplacement de deux cornes de chèvre, c'est là qu'il faut placer les doigts - vous sentirez une petite excroissance osseuse à cet endroit. Appuyez doucement pour relâcher les tensions. Si on pense au geste qu'on fait naturellement en apprenant une mauvaise nouvelle - le dos de la main sur le front -, on comprend que ces points de pression sont programmés pour nous apaiser.

Maintenez la pression pendant six amples respirations et sentez comme le stress se calme.

La coupe : posez le menton sur vos mains en coupe en appuyant vos doigts sur vos tempes. Maintenez pendant six respirations calmes.

Bain d'yeux : frottez vos mains pour les réchauffer, mettez-les en coupe et appliquez-les sur vos yeux. Communiquez-vous de la tendresse pendant six respirations.

Massage du crâne : pour vous rafraîchir l'esprit, posez le bout des doigts au milieu du front, à la racine des cheveux. En appuyant fermement, massez le crâne du front jusqu'à la nuque. Répétez plusieurs fois en écartant de plus en plus les mains jusqu'aux oreilles. Terminez en répétant plusieurs fois en sens inverse, de la nuque au sommet du crâne et jusqu'aux oreilles. L'idéal pour un regain d'énergie !

Complétez ce rituel apaisant en posant vos mains sur votre cœur et répétez ce mantra : « Je sens mon souffle revenir chez lui. » Restez ainsi pendant six respirations calmes.

Planter une graine : saisissez chaque occasion de pratiquer tout ou partie de ce rituel dans la journée. Vous n'avez pas besoin de le faire en entier, une séquence peut suffire à vous apaiser. Notez les moments où cet outil se révèle utile – vous saurez ainsi quand vous en servir. Décidez d'observer votre stress, d'y répondre avec compassion et d'employer l'un ou l'autre de ces outils pour le soulager.

Utiliser les écrans en pleine conscience

Nous passons une bonne partie de notre temps devant des écrans, et ce que nous regardons, écoutons et lisons a un énorme impact sur notre niveau de stress. Voyez de quelle manière vous utilisez ces technologies pour mieux vous en servir.

Pensez à vos besoins : observez comment vous vous sentez avant. Est-ce que l'usage des écrans correspond à ce dont vous avez besoin ?

Soyez conscient de votre usage des technologies : choisissez volontairement de vous connecter.

Restez en éveil : observez ce que vous ressentez quand vous êtes sur Internet et après. Observez votre état d'esprit, vos sensations corporelles, votre humeur et votre énergie. Cela affecte-t-il ce que vous pensez de vous ?

Soyez sélectif : faites le tri. Supprimez les comptes qui incitent à la comparaison, les applications qui ne vous servent à rien. Regardez froidement les chiffres et voyez combien de temps vous passez sur vos écrans.

Rangez votre téléphone : notez ce que vous ressentez quand votre téléphone est près de vous. Sa seule vue peut réduire votre vigilance[32]. Le besoin de le consulter est-il irrésistible ? La dépendance aux écrans est réelle, les applis de notre smartphone libèrent de la dopamine en activant les mêmes circuits neuronaux que les machines à sous ou la cocaïne[33]. L'éteindre ou le retourner ne suffit pas, faites le choix de laisser votre téléphone dans une autre pièce pour que cela soit plus efficace, surtout quand votre attention est sollicitée ailleurs.

Utilisez le mode silencieux quand il le faut et éteignez les notifications qui suscitent inutilement votre intérêt.

Faites un usage raisonné des écrans : réfléchissez aux limites que vous pouvez vous imposer, pour quel motif, pendant combien de temps ?

Planter une graine : faites l'effort d'utiliser les écrans en pleine conscience et soyez honnête quant à leurs conséquences sur votre santé. Observez d'éventuelles relations entre l'impulsion qui vous fait prendre votre téléphone et le stress ou l'anxiété.

La dépendance aux écrans est réelle, les applis de notre smartphone libèrent de la dopamine en activant les mêmes circuits neuronaux que les machines à sous ou la cocaïne.

Relations

Les êtres humains sont des animaux sociaux, ils ont autant besoin d'attachement que de nourriture ou de sommeil. Leur soutien est encore plus nécessaire en temps de crise. Nous savons tous que nous avons besoin des autres pour nous stimuler, mais que se passe-t-il si nous sommes incapables d'avoir recours à nos moyens habituels de connexion? Dans les moments difficiles, réfléchissez à la nature de vos relations sociales et adaptez-les à vos impératifs et à votre niveau d'énergie. Autorisez-vous à agir différemment, au lieu de vous isoler parce que vous vous sentez dépassé. Réfléchissez aux gens autour de vous capables de vous aider. Parfois, nous hésitons, parce que nous pensons que cela ne se fait pas de demander de l'aide ou parce que ce qu'on nous propose ne nous convient pas. Osez non seulement demander du soutien, mais un soutien adapté à vos besoins. Souvenez-vous de ce que vous avez pu ressentir face aux problèmes d'un ou d'une ami(e). Vous aviez sans doute envie de l'aider, mais souvent sans savoir comment. En fait, vous rendez un grand service aux gens en les sollicitant – cela fait du bien de se sentir utile et cela renforce les liens! Tout le monde ne peut évidemment pas vous offrir le soutien auquel vous aspirez (ce n'est pas un manque d'amour!), alors sachez à qui demander. Si vous recherchez une oreille attentive, tournez-vous vers la personne qui aime écouter, pas vers celle qui résout les problèmes ou la spécialiste des listes de conseils. Des personnes différentes vous aideront à des moments différents. Décidez en fonction de ce que vous sentez et selon vos besoins.

Avec qui passer du temps : évitez les gens qui vous dépriment et privilégiez la compagnie de ceux qui vous remontent le moral et vous stimulent, mais suivez votre instinct et choisissez des modes de relation qui vous conviennent. Il ne s'agit pas de jeter les amis à la poubelle. Si les conversations vous épuisent, modifiez vos interactions – allez plutôt voir un film ensemble. Si les réunions de famille vous pèsent, retrouvez-vous à deux.

Où aller ensemble : si vos lieux de rencontre habituels vous paraissent trop bruyants ou trop fréquentés, choisissez un environnement qui vous ressource davantage.

Que faire durant ce temps : dites à vos amis et à votre famille ce dont vous avez besoin. Certains n'hésiteront pas à vous manifester leur attention. Que ce soit par une écoute bienveillante, par une étreinte ou d'autres marques de gentillesse. Dites-leur de quoi vous avez envie de parler. Et si vous n'avez pas envie de parler, dites que vous voulez juste vous changer les idées.

Quand privilégier le contact : soyez à l'écoute de votre énergie et de vos envies. Si un dîner ne vous tente pas, un coup de fil peut être une bonne alternative. Observez baisses et hausses d'énergie dans la journée et rencontrez des gens quand vous vous sentez en forme.

Combien de temps rester ensemble : fiez-vous à votre instinct et modulez vos rencontres en fonction de ce que vous ressentez. Parfois, nous avons besoin d'interactions longues et, d'autres fois, nous préférons un échange bref et tranquille. Si on manque de temps pour une vraie rencontre, on peut écrire un mot, laisser un message vocal ou envoyer une photo, juste se manifester pour exprimer un besoin ou une attention. Entendre la voix de quelqu'un qu'on aime a souvent le même effet antistress[34] qu'une étreinte chaleureuse. Les lettres sont un joli moyen d'exprimer des sentiments - des études montrent que le souvenir d'un mot d'amour est un magnifique cadeau, un de ceux dont l'effet se prolonge.

Simplement, *imaginer* la présence d'un être cher peut amortir les effets du stress[35]. Faites une liste de tous ceux qui vous sont chers et, dans les moments difficiles, imaginez qu'ils vous enveloppent de leur affection.

Aliments antistress et burn-out

Nous savons tous ce qu'est une alimentation saine, mais faire de bons choix en période de crise se révèle plus difficile. Il n'est pas question de passer des heures en cuisine, sauf si cela vous tente vraiment. Ici, il est question de nutrition, de préparation et d'organisation. Le message à retenir est que si vous voulez penser clairement, il faut nourrir votre cerveau. Souvent, nous associons manger et se remplir l'estomac, il y a pourtant une différence. Notre santé mentale et notre humeur dépendent de ce que nous mangeons. Si nous n'avons pas déjà pris de bonnes habitudes alimentaires, nous n'allons pas tout changer quand le stress est élevé. Nous devons faire aussi simple que possible et veiller à ce qu'il y ait toujours de quoi nourrir nos neurones sur la table (et dans le congélateur). Privilégiez les aliments à haute valeur nutritionnelle, exigeants peu de préparation ou de compétences : céréales complètes (vous pouvez toaster du pain pita complet surgelé pour un en-cas chaud avec de l'houmous), œufs, saumon, avocat sur une tartine de pain complet ou sur les toasts du matin, agneau, poulet, légumes verts (comme des asperges à cuire en papillote au four), pois, haricots secs en conserve, edamames, bananes, noix et graines ou yaourts. Ayez toujours ce type d'aliments sains à disposition et, si vous avez le courage de cuisiner, essayez de préparer de grandes quantités pour plusieurs repas.

Préférez autant que possible les aliments complets non transformés, les légumes et les fruits frais, et réduisez ou éliminez les stimulants comme le sucre, le café et le thé, l'alcool (demandez-vous honnêtement dans quelle mesure ils affectent votre capacité à vous en sortir et guérir). Remplacez le café et le thé par des tisanes, les colas par des boissons gazeuses et l'alcool par de l'eau pétillante avec une pipette d'essence

florale, type fleurs de Bach. Votre façon de manger a aussi des conséquences. Prenez le temps d'amorcer le processus de digestion en mâchant bien vos aliments. Manger lentement et en pleine conscience vous permettra de mieux digérer et de savourer la nourriture, tout en vous sentant satisfait et rassasié.

Planter une graine : apprenez à vous connaître. Sachez ce qui marche et ne marche pas pour vous, et agissez. Assurez-vous que l'option la plus saine est la plus facile et remplissez vos placards. Quand énergie, lucidité ou moral sont en berne, demandez-vous quelle est la dernière fois où vous avez bu un grand verre d'eau ou mangé quelque chose de sain.

Bouger pour aller mieux

Les études montrent que tous les types d'exercice peuvent contribuer à la gestion du stress[36]. Les choix différeront selon les individus, mais la clé pour découvrir ce qui vous convient dépend de ce que vous aimez vraiment et de votre situation sur l'échelle du stress ou du burn-out. Ce qui vous plaisait peut vous sembler trop épuisant, ou même stressant si vous êtes en burn-out. En revanche, les exercices de cardio, la musculation, les pratiques méditatives ou artistiques, tels le yoga, le Pilates, le taï-chi ou la danse, ou même des activités quotidiennes comme passer l'aspirateur ou jardiner conviennent pour le stress. On conseille 2 h 30 d'exercices d'intensité modérée par semaine. Vous vous dépenserez vigoureusement plus tard, sauf si vous avez vraiment besoin de vous défouler. Marcher en pleine nature est un parfait antistress. Pensez aussi à la natation, l'eau aide à se sentir soutenu. Privilégiez variété et plaisir - pas d'activité épuisante ou punitive, pratiquez avec un ou une ami(e), bougez sur de la musique, faites de nombreuses pauses ou des séquences de courte durée réparties dans la journée. Et quand vous n'en pouvez plus, allongez-vous sur le sol et faites vos étirements apaisants pour récupérer - c'est vraiment utile.

Planter une graine : observez les effets de l'activité physique sur votre énergie, votre humeur et votre mental. Quand vous sentez une baisse de régime, vers quel exercice vous tournez-vous pour récupérer ? Nos besoins changent constamment, alors essayez d'avoir une approche bienveillante en faisant des choix qui reflètent ce que vous êtes aujourd'hui.

États d'esprit

Quelle est votre perception du stress ?

Nous avons parlé plus haut de l'état de stress, comment notre attitude envers le stress change la manière dont il nous affecte. Essayons d'adopter une vision moins négative. Au lieu de nourrir notre stress en nous focalisant sur nos échecs éventuels ou sur les problèmes rencontrés, concentrons-nous sur les moyens d'évoluer et de tirer parti des moments difficiles. Nous nous intéresserons de plus près à la récupération post-traumatique dans la partie sur le changement. Parfois, il faut attendre que le temps panse nos plaies avant de pouvoir songer à des jours meilleurs, mais plantons quand même une graine.

Vous avez le droit de réagir à vos épreuves comme un être humain et les causes de vos difficultés doivent être reconnues.

La perception de votre stress

Ne comparez pas votre stress à celui des autres, à moins qu'un festival d'auto-apitoiement vous aide. Deux personnes dans la même situation auront des ressentis totalement différents – parce qu'il s'agit de leur première véritable expérience de maladie ou de perte, ou parce que cela fait écho à un événement antérieur. Quantité de variables entrent en jeu. Le fait que d'autres soient sans doute dans des situations pires que vous n'allège pas votre fardeau pour autant. Vous avez le droit de réagir à vos épreuves comme un être humain et les causes de vos difficultés doivent être reconnues. Surtout, ne niez ni vos propres sentiments ni vos besoins, cela n'a d'intérêt, ni pour vous ni pour quiconque. Ne mettez pas en parallèle vos réactions et la manière dont les autres paraissent réagir. Est-ce que vous les connaissez si bien ? Une bonne dose de compassion est plus utile. Vous comparer à ce que vous étiez avant que la vie dérape aide rarement. Ce que vous ressentez changera, ne vous brusquez pas et laissez-vous le temps de retrouver vos marques.

État d'esprit de développement, erreurs et perfectionnisme

Cultiver un état d'esprit de développement en acceptant vos imperfections (eh oui, vous êtes aussi un humain) et en admettant vos erreurs permet d'évacuer plus facilement les expériences difficiles. Un « état d'esprit de développement » – l'expression est de Carol Dweck[37] – permet de faire évoluer les compétences et l'intelligence, alors qu'un « état d'esprit fixe » incite à penser que l'intelligence, les forces et la créativité ne changent pas, qu'elles sont déterminées à la naissance. Cultiver un état d'esprit de développement aide à considérer les épreuves, échecs et revers comme des enseignements plus que comme la confirmation d'un manque. La science montre qu'on peut apprendre de nouveaux tours à un vieux chien, preuve de la neuroplasticité du cerveau[38]. C'est ce qui constitue la base de ce livre : vous pouvez acquérir des compétences qui vous aideront à guérir. Vos efforts comptent, vous pouvez agir et vous pouvez vous développer et évoluer tout au long de votre vie. Transformez « je ne peux pas » en « j'apprends à… »

Votre attitude par rapport à vos erreurs et votre perfectionnisme influent aussi sur votre niveau de stress. Ne vous reprochez pas vos bévues, nous en faisons tous, ce qui est fait est fait. Trouvez plutôt rapidement des solutions aux problèmes, en vous pardonnant. Vous tromper ne fait pas forcément de vous une mauvaise personne. C'est notre sens moral qui motive notre culpabilité, la honte déclenche souvent un réflexe d'autodéfense. Demandez-vous ce que cette expérience vous a appris et comment agir différemment la prochaine fois. Les erreurs offrent une autre occasion de progresser et de s'aguerrir. Si vous vous sentez paralysé par un idéal de performance rigide, demandez-vous s'il vaut mieux abaisser vos standards et agir plutôt que ne rien faire. Voyez si cet idéal est soutenable – votre vie, espérons-le, sera un marathon, pas un sprint. Gardez à l'esprit que vous êtes juste un être humain, que vos ressources sont limitées, qu'il n'y a que 24 heures dans une journée et qu'il ne s'agit que d'une tâche ou d'un rôle parmi d'autres. Adaptez vos attentes en conséquence, *hiérarchisez* vos actions en fonction de leur intérêt. Apprenez à supporter l'inconfort de l'inachèvement et acceptez de poser une limite à vos journées. Rangez le bureau et poussez un long soupir de soulagement. Ce n'est plus le moment de travailler, tout peut attendre ! Maintenant, il est temps de booster votre énergie.

Dessinez une carte de vie

Dans les périodes de turbulence, diviser la vie en différentes zones peut nous aider à mieux comprendre les choses. Identifier les domaines qui fonctionnent bien nous donne un meilleur ancrage. Il est facile de penser que tout va mal, alors que seuls un ou deux aspects de la vie sont affectés. Il y a des moments où nous avons vraiment l'impression que tout nous échappe. Notre objectif consiste alors à préserver au maximum notre énergie, à chercher du soutien et à réduire autant que possible les causes de stress. Établir une carte de vie peut nous aider à cerner nos problèmes et à déterminer où porter notre attention.

Il s'agit d'un outil visuel, vous pouvez donc faire preuve de créativité. Prenez une grande feuille de papier et, avec un crayon ou un stylo, indiquez les domaines de votre vie importants pour vous. Ils seront différents pour chacun, mais suggérons la famille, l'amour ou les relations, le travail, les études, le développement personnel, les loisirs, la culture, le lien social, la maison, la communauté, la santé, le repos, les finances ou la spiritualité. Représentez-les comme vous voulez, par des mots ou des dessins, utilisez de la couleur et mettez en évidence ce qui demande votre attention. Notez les inquiétudes ou les peurs si vous le souhaitez. Observez quels domaines de la vie vont bien et donnez-vous une tape sur l'épaule pour vous féliciter de vos réussites. Identifiez les sources de stress ou de burn-out et soulignez-les sur la carte pour les faire ressortir. D'un coup d'œil, repérez les problèmes qui ne sont pas les vôtres ou les inquiétudes qui n'ont plus lieu d'être, et donnez-vous le plaisir de les rayer. Ce sera autant d'énergie et de temps gagnés. Pour tout ce qui exige

de l'attention sur la carte, la question cruciale est : « Puis-je faire quelque chose à ce sujet ? » Voilà ce qui doit guider votre plan d'action.

Diagramme de flux pour votre plan d'action

PUIS-JE FAIRE QUELQUE CHOSE À CE SUJET ?

OUI ↙ ↘ **NON**

Questions à se poser :

1. Est-ce important pour moi et pourquoi ?

2. Est-ce essentiel ? Est-ce que je peux dire non ? (Faites la différence entre « devoir », « possibilité » et « obligation ».)

3. Est-ce urgent ? Est-ce que ça doit vraiment être fait maintenant ?

4. Est-ce de ma seule responsabilité ou est-elle partagée ? Est-ce que je peux chercher du soutien et répartir les responsabilités ?

5. Suis-je le seul à pouvoir faire quelque chose ou puis-je demander de l'aide ou déléguer ?

6. Qu'est-ce que je suis décidé ou poussé à faire ?

En vous basant sur ces questions, écrivez maintenant : CE QUE JE PEUX FAIRE, en hiérarchisant par ordre d'importance, d'urgence et de responsabilité personnelle. Fragmentez les actions en petites étapes, y compris pour demander de l'aide ou améliorer votre bien-être.

Options :

Laissez tomber : il faut lâcher prise. Ce que vous pourrez faire, tenter ou souhaiter n'y changera rien, alors redirigez votre attention vers un objectif réalisable.

Admettez et acceptez cette vérité déplorable : même s'il n'y a rien de plus important pour vous et que vous ne voulez pas abandonner, vous ne pouvez rien y changer. C'est là que le deuil commence.

Des idées pour vous aider : si vous vous sentez impuissant, qui peut agir ? Si vous pensez à quelqu'un, contactez-le, demandez de l'aide.

Voyez comment faire autrement : si vous n'avez aucun moyen de changer le résultat, comment pourriez-vous néanmoins intervenir ?

N'oubliez pas de faire une pause quand vous cherchez à résoudre un problème. Même si rien n'est réglé, prenez le temps de lâcher prise, de déposer votre fardeau pour recharger vos batteries, ne serait-ce qu'une minute. On ne peut pas être efficace à longueur de journée, et ce moment de latence permet tout simplement de trouver une réponse plus créative. Penser avec gratitude à ce qui a réussi, ou plus simplement à ce qui a été fait, peut vous aider quand vous avez du mal à trouver une solution. Si vous sortez d'une longue période de stress, réfléchissez au chemin parcouru. Reconnaissez ce par quoi vous êtes passé et félicitez-vous d'être toujours debout. Encouragez-vous comme vous le feriez pour un ami. Concentrez-vous sur ce que la vie vous offre : avoir un toit sur la tête, être entouré d'amour ou disposer d'un temps infiniment précieux. Laissez votre esprit s'y attarder.

Choisissez vos combats

Maîtrisez la fatigue de prendre une décision en réduisant le nombre de choix à faire dans votre journée. Il peut s'agir de laisser vos clés au même endroit tous les jours, préparer des tenues pour aller travailler, décider d'un moment pour faire de l'exercice et s'y tenir, réserver des soirées dans la semaine pour sortir, prévoir de quoi faire deux petits déjeuners différents, planifier le déjeuner du lendemain et, encore mieux, le cuisiner à l'avance, ou programmer cinq dîners différents. C'est une manière de garder vos forces pour des décisions plus difficiles, mais aussi de faire de bons choix en vous aidant à résister à la tentation et à prendre soin de vous. Il ne s'agit pas de mener une vie monotone et sans plaisir, mais d'organiser des routines pour ne pas avoir à réinventer la roue tous les jours.

Gérez l'inquiétude

Personne ne songe à vous reprocher votre stress et vos inquiétudes quand les choses vont mal. Vous devez néanmoins contenir ou limiter vos angoisses pour éviter qu'elles ne vous submergent. Pour vous y aider, réservez un moment particulier que vous consacrerez uniquement à vos soucis. Pensez aussi à l'acupression pour soulager l'anxiété. D'une main, enveloppez entièrement le pouce de l'autre main doucement et sans serrer. Vous pouvez choisir n'importe quelle main. Soyez là, sentez votre contact et votre respiration, et faites preuve de compassion. Ce que vous éprouvez est normal, personne ne vous jette la pierre. Essayez toutefois de détourner votre esprit de ses idées noires en envisageant d'autres éventualités, en ne considérant pas uniquement le scénario du pire, mais aussi l'issue la plus plausible et la plus favorable. Notez une ou deux solutions possibles à vos inquiétudes. Si vous n'en pouvez plus de ressasser seul vos angoisses, faites appel à un ou une ami(e) pour vous soutenir. Utilisez vos outils de la page 114 pour savoir comment réagir.

Quand les ennuis font irruption en dehors de ce moment réservé, rappelez-vous que vous aurez du temps à leur consacrer plus tard, mais pas maintenant. L'inquiétude étant tenace, vous aurez besoin de faire appel à des techniques efficaces pour vous en distraire - assurez-vous juste qu'elles soient stimulantes. Marchez vite en balançant les bras, passez du temps dans la nature, récitez un mantra, plongez-vous dans un livre passionnant ou essayez de reformuler vos inquiétudes en prières ou en souhaits.

Rituel du coucher

Répétez le mantra : « Dormir pour aller bien », même si nous savons tous que stress et burn-out ont souvent le dernier mot. Préparez-vous au repos et le sommeil viendra à son rythme – vous ne pouvez pas vous obliger à dormir. Il faut prendre le temps d'évacuer votre journée avant d'aller au lit. Libérez votre esprit en utilisant vos outils et préparez votre corps avec cet enchaînement apaisant.

1. Assis en tailleur sur un coussin dans un endroit calme, les mains sur les genoux, décrivez des cercles amples et fluides du torse sans bouger le bassin, six fois dans un sens, puis dans l'autre. Si la position est inconfortable, allongez-vous sur le dos, ramenez les genoux sur la poitrine et effectuez des cercles avec les genoux.

2. Faites une torsion pour améliorer la digestion, puis pliez le buste pour relâcher les hanches et la colonne vertébrale. Étendez votre jambe droite devant vous en fléchissant le pied, pliez la jambe gauche et posez la plante de votre pied à l'intérieur de votre genou droit. Inspirez en tendant les bras vers le haut pour étirer le dos. Expirez et effectuez une rotation vers la gauche en posant la main droite sur le genou gauche et la main gauche derrière vous, sur le bout des doigts. Maintenez la torsion pendant six respirations, puis sur l'inspiration, revenez au centre en levant de nouveau les bras. Expirez en vous penchant en avant, la poitrine vers le genou droit, et attrapez votre genou ou votre pied droit pour vous tenir. Détendez-vous dans cette position et restez ainsi pendant six respirations. Redressez lentement le torse et répétez de l'autre côté.

3. À quatre pattes, balancez un peu les hanches. Amenez le genou droit vers la main droite et glissez le pied droit devant le genou gauche. Glissez la jambe gauche vers l'arrière et placez le talon droit devant la hanche gauche. Les hanches restent d'aplomb. Allongez le buste et posez les avant-bras au sol en laissant tomber la tête et en posant le front au sol. Vous pouvez aussi le poser sur vos poings ou vos mains superposées. Cette posture étire les jambes, les hanches et les fessiers. Restez pendant cinq à dix respirations avant de changer de côté.

4. Revenez à quatre pattes, effectuez un autre balancement, les hanches sont plus souples et déliées. Allongez-vous à plat ventre. Choisissez ce qui vous convient le mieux, le front sur le sol ou la tête tournée d'un côté et reposant sur une main. Dans ce cas, il faudra aussi tourner la tête de l'autre côté pour une détente parfaite du cou. Sentez comme cette position dirige le souffle dans le dos. Restez ainsi pendant dix respirations, ou plus si vous en avez envie. Allongez-vous sur le dos si vous préférez. *Il n'y a rien à faire. Il n'y a nulle part où aller. Juste attendre le sommeil.*

Planter une graine : avez-vous remarqué que vous dormiez bien mieux après quelques étirements ou quand vous avez des draps propres et frais ? Qu'est-ce qui marche pour vous ? Notez-le. Avez-vous observé des changements dans votre vie quand vous dormez mieux ?

Le champion des chasseurs de stress... idéal pour se relaxer en douceur

Maintenant que vous avez développé, grâce aux précédents exercices, votre pleine conscience et détendu les muscles de votre corps, passons aux choses sérieuses... les pieds au mur. Cette position n'a rien d'extravagant – c'est celle que les secouristes conseillent pour les personnes en état de choc. Elle redirige le sang vers les différents organes vitaux. Pour moi, c'est une bonne alternative à la sieste, on ne se sent pas obligé de dormir et les bienfaits sont presque immédiats. Si vous êtes tranquille et avez un peu de temps, c'est le moment d'essayer ! Vous aurez juste besoin de programmer une alarme.

Prévoyez du temps et de l'espace pour effectuer cet exercice sans être dérangé. Idéalement, il faut 20 minutes, mais même quelques minutes suffisent. Décidez d'une totale absence d'effort, de contrainte ou d'action. Prenez une couverture, un masque de sommeil si vous en avez un et un coussin. Asseyez-vous par terre, puis allongez-vous parallèlement au mur, le plus près possible. Pivotez sur le dos et soulevez vos jambes en vous rapprochant pour les coller au mur. Si l'étirement est inconfortable, asseyez-vous sur le sol devant un fauteuil ou un canapé et levez les jambes contre ce support. L'étirement sera moins fort, mais l'effet réparateur sera le même, le confort est essentiel. Placez le coussin sous votre tête et enroulez-vous dans la couverture pour être à l'aise et avoir chaud. Mettez le masque de sommeil, il renforce l'absence de stimulation et son léger poids apaise les yeux.

Il n'y a aucun enjeu ici, juste s'abandonner. Laissez aller et venir pensées, sensations et souvenirs. Il ne s'agit pas de vider votre esprit, mais ne vous laissez pas absorber par vos pensées. Quand, inévitablement, elles prennent le dessus, ne vous faites pas de reproches. Ramenez pendant quelques minutes votre attention vers le relâchement physique de votre corps, la sensation du sol qui vous soutient et votre respiration. Ensuite, allongé là, au calme, étendez votre gratitude à votre corps. Éprouvez de la reconnaissance pour vos organes, votre cerveau, votre cœur, votre peau, vos mains, vos jambes, votre colonne vertébrale. Il ne s'agit pas d'apparence physique. C'est célébrer votre corps et avoir la conviction profonde que quelqu'un d'autre peut vous aimer. Soyez là avec votre souffle, votre calme, sentez cette vague d'affection vous envahir. Restez aussi longtemps que vous en avez envie ou le pouvez.

Planter une graine : en développant votre aptitude à vous relaxer, remarquez-vous des répercussions dans votre vie ? Arrivez-vous à vous reposer quand vous le devez et à agir quand il le faut ? Repérez-vous plus facilement des comportements usants comme le désir de plaire aux autres ou d'être performant ? Pouvez-vous faire preuve d'un peu plus de gentillesse à votre égard ? Après vous être relaxé, voyez-vous plus clairement ce qui compte vraiment pour vous ?

TROUSSE À OUTILS

Pour essayer de m'en sortir ou de guérir, je respecte les règles de base de mon énergie. Est-ce que… ?

- J'ai tenu compte de mes besoins de sommeil ? Est-ce que je dois donner la priorité au repos jusqu'à ce que je retrouve le sommeil ? Si je n'ai pas le temps de me reposer, je peux toujours respirer mieux pour me sentir mieux.
- J'ai nourri mon moral et mon mental ?
- J'ai bougé pour me sentir mieux ?
- Je me suis ressourcé dans la nature ?
- J'ai eu recours aux interactions sociales ?
- J'ai trouvé ce qui me motive ? Qu'y a-t-il de plus important pour moi maintenant ?
- Je me suis observé avec tendresse ?

Quand je suis stressé…

- Je me traite avec bienveillance. L'autoflagellation est contre-productive.
- Je cherche des moyens de ralentir.
- Je sens ma respiration et la dirige dans mon ventre.
- Je me redresse, détends mes épaules et me fais confiance.
- Je fais une pression sur mes tempes et je repars.
- Je me demande : « Est-ce que je peux faire quelque chose à ce sujet ? » et je mobilise mon énergie et mon attention si c'est le cas.
- Je pense à quelque chose que je souhaite ardemment ou j'imagine une chose plaisante, cela peut être aussi simple que de poser ma tête sur l'oreiller ce soir !

Quand je suis en crise…

- Je tire le problème au clair, en notant ce qui s'est passé.
- J'établis une carte de vie et détermine ce qui va et ce qui ne va pas.
- J'observe toutes mes émotions.
- Je cherche de l'aide – je vois à qui faire appel dans mon entourage.

- J'utilise mes stratégies habituelles pour retrouver de l'énergie ou j'en ajoute à ma trousse à outils si celles-ci ne fonctionnent pas.
- Je minore les comportements de compensation, sachant qu'ils ne m'aideront pas à long terme.
- Seul ou avec quelqu'un, je réfléchis à des solutions possibles, repère les blocages, vois comment les éliminer et mets au point un plan d'action par étapes.

Quand je suis épuisé…

- J'admets mon état et agis avec bienveillance pour me rétablir.
- J'utilise les odeurs, la musique, les couleurs ou la nature pour récupérer sans effort.
- Je fais appel au toucher pour me stimuler et m'apaiser.
- Je m'assure que j'ai mangé ou bu récemment quelque chose de reconstituant.
- Je programme des moments de repos ou fais tout de suite un étirement.
- Je me couche tôt et pratique mon rituel du soir pour bien décompresser.
- J'utilise un mantra pour m'aider : « Je me laisse aller dans cet instant. Je m'apprécie. Ça passera aussi. Je me donne la permission de… »

Quand je ne peux pas dormir…

- Je masse mes pieds avec de l'huile de magnésium en spray.
- Je calme ma respiration et allonge mes expirations.
- Je fais des étirements musculaires pour me détendre.
- Je m'abandonne à une délicieuse quiétude, en me rappelant que la relaxation est aussi réparatrice que le sommeil. Je peux aussi me dire qu'*on n'attend rien de moi pour l'instant.*
- Je distrais mon esprit de l'insomnie en me rappelant des moments agréables.
- Je passe en revue tout ce pour quoi j'éprouve de la gratitude dans ma vie.
- Si le sommeil me fuit et que j'ai du mal à me détendre, je me lève pour me calmer en faisant des étirements au sol, une méditation guidée ou du yoga nidra. (J'évite les écrans et de stimuler mon esprit avec les tracas et le travail.)

DEUXIÈME PARTIE

Perte et deuil

En avançant dans la vie, nous accumulons inévitablement des pertes, et le deuil est une étape naturelle du processus de guérison. En général, la perte est définie par la fin de quelque chose à quoi on tenait ou la disparition de quelque chose ou quelqu'un, le deuil étant la cascade d'émotions engendrées par cette perte.

QUAND SE MANIFESTE LE SENTIMENT DE PERTE ET DE DEUIL ?

Parlez de deuil, et on pense immédiatement à la maladie, à la mort d'un être cher, à la rupture d'une relation, au divorce, au chômage ou à une perte d'argent. Mais il faut savoir que de nombreuses autres situations peuvent provoquer un tel sentiment, y compris des changements positifs et voulus, comme un nouveau travail, une naissance, la retraite ou un déménagement. Vous pouvez éprouver un sentiment de deuil à la perte d'une culture, d'un lieu, d'un idéal ou d'une image de vous, que ce soit réel ou fantasmé. Le simple fait d'admettre qu'il s'agit d'une perte et d'accepter vos émotions peut être thérapeutique.

On peut aussi perdre la sécurité, son identité, son autonomie ou ses espoirs. Le sentiment de deuil est alors une réaction légitime et normale.

» Sécurité : quand notre bien-être émotionnel, mental ou physique a été mis en danger par un trauma, des problèmes financiers, une rupture, un divorce ou une trahison, nous devons faire le deuil de notre sentiment de sécurité.

» Identité : quand on devient parent, quand les enfants entrent à l'école ou quittent le nid, quand on change de travail (y compris une promotion), de position ou de relations, après un déménagement, un diplôme ou un départ du foyer, ou à la suite d'un diagnostic ou d'un traitement médical, comme une mastectomie, le sentiment d'identité se modifie et on peut regretter la disparition d'un rôle ou d'une image de soi. C'est également vrai quand on a l'impression d'être dépossédé de son identité ou que l'on décide de s'engager dans une nouvelle voie.

» **Autonomie : nous pouvons regretter notre perte d'autonomie et d'indépendance en vieillissant, quand notre santé est menacée, quand nous devenons parents, grands-parents ou aidants, quand notre carrière est compromise ou que nos options financières sont limitées.**

» **Espoirs : la perte d'espoirs ou d'un avenir fantasmé entraîne aussi un sentiment de deuil – fausse couche, infertilité, fin d'une carrière sportive, licenciement, difficultés à trouver sa voie après la fin des études, carrière au point mort, troubles politiques, départ dans un nouveau pays ou de sa communauté. Que ces situations soient imposées ou choisies, vous avez le droit de regretter ce qui a disparu.**

À quoi ressemblent le deuil et la perte et que provoquent-ils ?

Que la perte soit prévisible ou inattendue, brutale ou sur le long terme, le deuil est une expérience très douloureuse, épuisante et bouleversante. Le deuil comporte beaucoup d'aspects – il peut commencer par l'anticipation de la perte, quand on a le temps de s'y préparer, ou nous tomber dessus quand elle survient soudainement. Ce n'est pas forcément plus facile et la comparaison n'aide en rien. Aucune perte ne se ressemble et aucun parcours de guérison n'est identique. Votre perte est votre perte et vos sentiments vous appartiennent. Il n'y a pas de deuil « normal », le processus de deuil est profondément individuel. Sa durée dépend de la nature de la perte, des circonstances et du soutien disponible. Il n'y a aucun moyen d'y échapper ou d'accélérer les choses.

Nous pouvons seulement être témoins de notre réaction personnelle, nous montrer patients, chercher de l'aide et faire, quand c'est possible, des choix de vie bénéfiques. Avec le temps, grâce à l'amour et au soutien de notre entourage, les choses s'arrangent, même si nous sentons que rien ne sera plus jamais comme avant.

Les premières étapes du deuil ne ressemblent à rien de ce que vous avez éprouvé auparavant. C'est un bouleversement. Vous avez l'impression de marcher dans le brouillard ou d'avoir du coton dans la tête. Le temps perd toute signification, vous vous sentez même parfois dissocié de votre corps, vous vous regardez de loin vous débattre au ralenti dans cet état étrange. Le deuil est souvent caractérisé par des vagues d'émotions diverses et parfois inattendues – tristesse, colère, ressentiment, hostilité et solitude, mais aussi gratitude, amour, émerveillement et affection. En dépit de la douleur, cet état peut ouvrir la voie à une évolution personnelle et à un regain d'intérêt pour la vie. Dans cet océan d'émotions, les vagues sont énormes au début, mais avec le temps, elles diminuent, deviennent moins fréquentes et leurs effets moins dévastateurs. Pleine conscience et compassion nous apprennent à surfer sans être englouti. Certains décrivent la perte comme une douleur constante, la conscience d'un manque permanent. D'autres la ressentent d'abord intensément, puis elle s'efface progressivement avec le temps.

Vous avez peut-être déjà entendu parler des cinq étapes du deuil proposées par Kübler-Ross[39] : déni, colère, marchandage, dépression et acceptation. Cela aide à comprendre les différents aspects du deuil, mais il n'y a pas de constante. Certaines personnes ne passeront que par quelques étapes et il n'y a pas d'ordre fixe. Le deuil n'est pas linéaire, il y a des épisodes d'une grande intensité suivis de moments plus calmes. Il est normal que les dates anniversaire soient des déclencheurs et toutes les « premières fois » peuvent être déchirantes.

Le deuil perturbe tout notre être, avec des conséquences sur le plan mental, émotionnel, physique et social. Il affecte notre humeur, notre apparence, notre mémoire, notre capacité de concentration ou de réflexion. Nous passons par une kyrielle d'émotions depuis le choc, la fureur, l'incrédulité, la peur et le désespoir jusqu'à l'amour profond et la gratitude. Pleurer est une réaction normale, mais ce n'est qu'un moyen de nous exprimer. Les larmes ne sont pas révélatrices de l'intensité de nos sentiments, même si c'est une manière parfaitement naturelle de les montrer. Le deuil peut perturber notre énergie, notre appétit, notre sommeil et notre système immunitaire. Il peut causer des nausées et des douleurs. Socialement, il modifie nos interactions avec les autres, que nous ayons envie de solitude ou la craignions, et affecte la dynamique de nos relations. On a souvent l'impression de perdre l'esprit, on se sent désorienté, déprimé, frustré, incompris, hésitant, on regrette ce qu'on a fait/pas fait ou dit/pas dit, on a envie de disparaître, on est vidé. Le deuil peut être exténuant et déroutant, il nous met à nu, mais nous oblige aussi à grandir.

L'épreuve du deuil est amplifiée par le fait que la société comprend mal la perte et a des attentes irréalistes concernant la manière dont on devrait se sortir de situations bouleversantes. La pression pour « tourner la page » et l'idée qu'il faudrait se secouer pour retrouver une certaine joie de vivre rendent le chagrin plus lourd à supporter. Maintenant que mes enfants ont grandi, je comprends pourquoi on conseille de « profiter de chaque instant ». Mais pour tout parent dans les affres des premiers jours d'un deuil, c'est une absurdité. Nous devons revendiquer le droit d'éprouver toute une gamme d'émotions et nous débarrasser de l'idée qu'il faudrait rapidement, après une perte, aller de l'avant ou s'obliger à être heureux.

Bien que la perte et le deuil soient des expériences universelles, on en parle peu et le sujet suscite un certain malaise. Les gens ne savent souvent pas quoi dire ou faire. En dépit de bonnes intentions, il est facile de blesser, et c'est d'ailleurs souvent à cause de cette peur que nous ne disons ou ne faisons rien. Notre réaction à la perte est si profondément personnelle que, même quand nous l'avons vécue, nous ne savons pas nécessairement comment aider quelqu'un d'autre. Nous devons oser et demander quel soutien apporter. Peu d'entre nous ont des rituels capables de les guider dans cette épreuve, nous devons donc découvrir comment composer avec nos émotions, mais aussi apprendre aux autres ce qu'est le deuil et comment réagir. L'idée qu'il y a de « bonnes » et de « mauvaises » émotions peut rendre le chagrin plus pathologique, effrayant et insupportable que s'il était considéré comme naturel. Même dans ce cas, cela ne veut pas dire que nous n'avons pas besoin d'aide pour traverser cette épreuve. Une meilleure compréhension du bien-être émotionnel et des outils pour aborder les sentiments perturbants nous seraient aussi très utiles. Ce n'est pas simple, mais en nous ouvrant davantage aux autres, en améliorant nos compétences et celles de nos proches, les choses changeront.

Comment réagir en période de deuil

- Ne vous brusquez pas et dites-vous que l'épreuve passera.
- Reconnaissez et acceptez votre perte.
- Donnez-vous la permission de sentir, en comprenant qu'il peut y avoir beaucoup d'émotions différentes et inattendues.
- Relâchez la pression. Il n'y a pas de « bonne » ou « mauvaise » façon de souffrir et pas de temps imparti.
- Demandez du soutien et dites aux gens comment ils peuvent vous aider.
- Observez les règles de base de votre énergie (voir page 114), utilisez les pratiques réparatrices sur le stress pour apaiser votre système nerveux et celles de cette partie pour traverser vos émotions.
- Demandez le soutien d'un professionnel si vous avez du mal à réorganiser votre vie et à reconstruire votre moi.

Quand chercher une aide professionnelle ?

» Si vous n'êtes pas sûr d'arriver à maîtriser vos sentiments et que vous voulez un soutien ou des stratégies pour vous en sortir.

» Si vous avez envie de disparaître.

» Si vous avez peur d'être en dépression. On a parfois beaucoup de mal à faire la différence entre deuil et dépression.
Dans le deuil, vous éprouvez encore des moments de bonheur et de plaisir. Dans la dépression, les sentiments de désespoir et de vide sont constants. Demandez conseil à votre médecin, consultez un psychologue ou pensez à un groupe de soutien.

» Si vous vous sentez coupable ou que vous vous faites des reproches.

» Si vous avez des pensées intrusives à propos d'êtres chers disparus, si vous avez peur de mourir ou de perdre d'autres proches.

» Si vous vous sentez engourdi, déconnecté des autres pendant plus de quelques semaines.

» Si vous avez des difficultés à assumer les tâches quotidiennes.

QUE RECHERCHONS-NOUS ? LA SANTÉ ÉMOTIONNELLE

Pour nous aider à traverser un deuil, il faut examiner notre santé émotionnelle, c'est-à-dire notre capacité à comprendre ce que nous ressentons et à y réagir[40]. Être émotionnellement en forme ne signifie pas être tout le temps heureux ni chercher à éliminer tous les sentiments déplaisants, c'est être capable d'éprouver toute la gamme des émotions et les accepter. Notre bien-être dépend de notre aptitude à écouter nos sentiments, même ceux qui sont désagréables, et à les gérer de manière responsable. La santé émotionnelle implique de comprendre que toutes les émotions ont leur place et leur valeur, qu'elles ne sont ni positives ni négatives – ce sont juste des émotions ! Elles jouent le rôle de messagers, elles nous alertent. La colère pousse à réagir face à une menace pour se protéger soi-même ou ceux qu'on aime. L'anxiété est là pour nous préserver en nous avertissant d'un danger potentiel. Le sentiment de solitude signale que nous avons besoin de contacts humains.
La tristesse est l'expression de la perte, elle exige que nous prenions le temps de soigner nos blessures. La culpabilité nous rappelle de consulter notre code moral. Nous devons faire preuve de discernement et vérifier la validité de ces messages, pour ensuite agir en conséquence. Les émotions peuvent se manifester sous forme de hausse de température corporelle, de faim, de palpitations, de tensions musculaires ou de douleurs. Il faut y être attentif et déterminer s'il s'agit d'anxiété, de nervosité ou si nous avons simplement besoin de manger quelque chose.

Pour nous sentir bien, nous devons observer nos émotions et les laisser nous traverser. Y réagir ou non dépend de nous. Les émotions ont une charge énergétique – il est impossible de les éliminer. Pensons à ce que nous ressentons en regardant quelque chose de drôle : notre corps est programmé pour sourire, ce qui s'exprime par un étirement des lèvres et le plissement des yeux, peut-être même par un rire. Si vous vous en empêchez, ces manifestations ne disparaîtront pas simplement. Il en va de même pour l'expression de la tristesse et du deuil. Nier ces émotions, nous anesthésier ou nous en distraire est épuisant, cela engendre stress, douleurs et tensions, et nous interdit d'y répondre normalement. Nous pouvons nous protéger de nos sentiments, mais pas de manière sélective : si nous échappons aux souffrances, nous inhibons aussi la joie. La bonne solution consiste donc à les ressentir et à y réagir avec pleine conscience et compassion.

Les émotions ont une charge énergétique – il est impossible de les éliminer.

Réagir immédiatement à nos émotions

1. Je remarque la présence d'une émotion. Est-ce que je lui permets d'être là, est-ce que je cherche à savoir ce que me dit mon corps ? Est-ce que je peux rester avec elle au lieu d'y réagir immédiatement ? Quel est le message de cette émotion ?

2. L'émotion est-elle appropriée aux circonstances ?
Son message est-il exact ?

3. Son intensité est-elle également appropriée ?

4. Qu'est-ce que je peux faire pour y répondre ? Étant donné mon objectif actuel, est-ce que cette émotion m'aide ou me gêne ? (Prenez votre temps et laissez la charge émotionnelle se dissiper avant d'agir.)

Les compétences clés pour gérer la perte et le deuil

Ressentir les émotions : pour observer, autoriser, valider, exprimer et vous laisser traverser par les sentiments.

Auto-apaisement : faire preuve de bienveillance et de compassion à votre égard, entreprendre des actions tendres et réparatrices.

Connexion : elle aide à soigner les blessures dues à la perte et au deuil.

Éprouver de la gratitude et savourer : cela peut transformer votre peine.

GUÉRIR DE LA PERTE : CE QUE VOUS POUVEZ FAIRE

SOMMEIL, REPOS, RELAXATION ET RESPIRATION : des pratiques apaisantes pour me permettre de sentir.

VALEURS ET MOTIVATIONS : qu'est-ce que j'apprécie dans ce qui arrive ? Est-ce que cette expérience donne plus de sens à ma vie ?

OBJECTIFS : m'autoriser à sentir et être là pour moi.

BOOSTEURS D'HUMEUR : gratitude, savourer et bonnes distractions.

EXERCICE ET NUTRITION : des mouvements fluides pour m'aider à me laisser traverser par mes émotions, nourrir mon humeur et des repas pour me sentir connecté.

CAPACITÉS D'ADAPTATION : développer un langage pour les émotions et les moyens de les vivre.

ENVIRONNEMENT PHYSIQUE : se servir du pouvoir thérapeutique de la nature.

INTERACTIONS SOCIALES : demander de l'aide, entretenir les relations, comprendre les conséquences d'une perte sur la dynamique familiale.

LES PRATIQUES POUR LA PERTE ET LE DEUIL

Faites ces activités sans forcer, soyez guidé par votre bien-être et demandez du soutien si vous avez besoin de quelqu'un pour vous accompagner dans votre parcours vers la guérison. Le but est d'entrer en contact avec vos sentiments, de leur laisser de la place et de devenir votre propre refuge, tout en faisant appel à l'amour et à l'affection de votre entourage.

Apprenez à connaître vos émotions

Les émotions ont beau être de l'ordre du mental, elles se traduisent par des sensations physiques. Pour les observer et les ressentir, vous devez donc vous relier à votre corps. Développer cette attention vous aidera à les gérer et à y répondre. Ces pratiques se basent sur la connexion au corps développée dans la partie sur le stress.

Utilisez le toucher et le mouvement pour vous connecter à votre corps

Le toucher permet d'approfondir la conscience que nous avons de notre corps. Les pratiques corporelles, comme les massages ou l'acupuncture, sont efficaces, certaines résonneront plus en vous. Pensez aussi à vous automasser avec une lotion, en utilisant les techniques de la partie sur le stress (voir page 89) ou avec le jet de la douche sur différentes parties de votre corps.

Enchaînement pour la mâchoire

La mâchoire est le lieu d'importantes tensions : on serre les dents face à une situation difficile ou on se mord les lèvres pour réprimer ses émotions. Servez-vous de cet enchaînement pour vous libérer des non-dits.

1. Déviez votre mâchoire inférieure six fois dans un sens et autant dans l'autre.

2. Faites tourner votre mâchoire inférieure un peu comme si vous vouliez dessiner la lettre O, six fois de chaque côté.

3. Un peu plus dur : glissez le menton vers l'avant en rapprochant les deux mâchoires, déplacez le menton vers l'arrière en les écartant. Il s'agit d'un mouvement de coulisse, à faire six fois dans chaque sens.

4. Massez légèrement la mâchoire de haut en bas plusieurs fois. Sentez comme votre visage est maintenant bien plus détendu.

Planter une graine : avez-vous remarqué qu'en vous relâchant physiquement, vous vous relâchiez aussi émotionnellement ?

D'autres moyens d'entrer en contact avec nos émotions

Regarder des films, lire des livres, de la poésie, tenir un journal, dessiner ou écouter de la musique offrent des alternatives à l'exercice et aux massages. Essayez différentes activités et voyez ce qui vous aide à vous relier à vos émotions.

Enchaînement du matin, pour se connecter, se détendre et se stimuler*

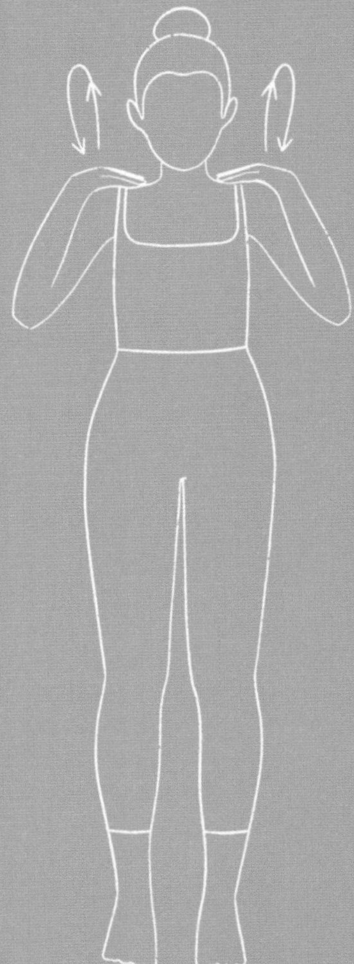

1. Vérification debout : observez juste ce que vous ressentez en vous tenant debout et enregistrez vos sensations. Ne vous inquiétez pas si vous ne remarquez pas grand-chose pour commencer – parfois, il suffit de bouger et de s'étirer pour éveiller cette conscience.

2. Respiration de la montagne : tenez-vous bien droit, les pieds écartés de la largeur des hanches. En inspirant, levez les bras au-dessus de la tête, en rapprochant les paumes et en levant la tête pour stimuler votre moral. En expirant, baissez les bras, les mains réunies devant la poitrine en position de prière pour diriger l'énergie vers le cœur. Répétez six fois.

3. Rotations des épaules : le bout des doigts sur les épaules, inspirez et levez les coudes en avant, expirez et baissez les coudes en les ramenant sur les côtés. Faites six répétitions.

4. Étirement de la poitrine et du haut du dos : inspirez en entrelaçant vos mains dans le dos, levez la tête et ouvrez la poitrine. Expirez en tendant vos bras vers l'avant comme pour embrasser un arbre, enroulez le dos, menton sur la poitrine. Alternez les deux positions six fois.

* Également utile si vous vous sentez bloqué.

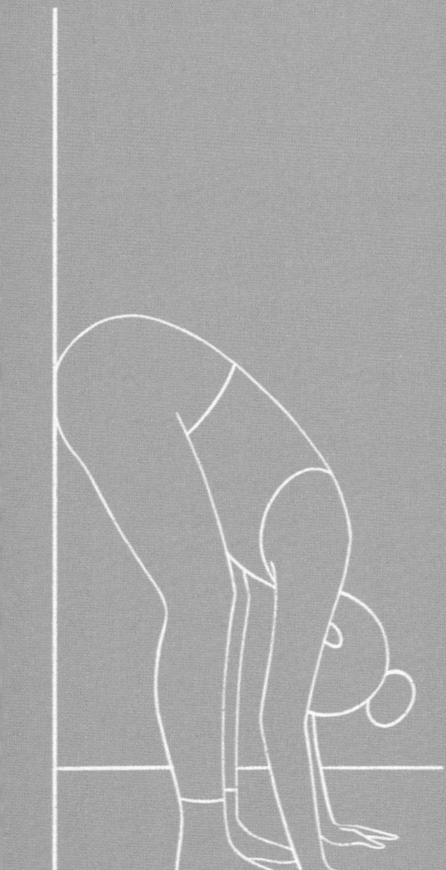

5. Rotation debout : pieds écartés de la largeur des épaules, effectuez une rotation du torse et de la tête vers la droite en balançant les bras. Soulevez légèrement le talon gauche pour une torsion plus ample de la colonne vertébrale. Répétez vers la gauche en soulevant le talon droit. Ce mouvement fluide et souple doit se faire sans effort, six fois de chaque côté.

6. Enroulement vers l'avant : ce mouvement étire la colonne et les jambes. Debout, le dos contre un mur, éloignez légèrement les pieds de la base. Pliez les genoux, déroulez la colonne et appuyez la poitrine sur les cuisses en laissant pendre souplement la tête et les bras, les fesses collées au mur. Gardez la position pendant cinq à dix respirations avant de vous redresser.

7. Observation debout : vous sentez-vous plus connecté à votre corps grâce à ces mouvements et étirements ? Vous sentez-vous différent ? Respirez calmement plusieurs fois en répétant le mantra : « Je sens l'énergie circuler dans mon corps. »

Enchaînement du soir, pour se connecter, se détendre et se calmer

1. Mettez-vous à quatre pattes : observez les sensations dans votre corps. Balancez plusieurs fois les hanche, puis faites des rotations à partir des genoux, six fois dans un sens. Sentez l'assouplissement des articulations, puis changez de sens.

2. Posture de l'enfant étiré : genoux très écartés et gros orteils collés, posez les fesses sur les talons, la poitrine sur les cuisses et les avant-bras au sol. Mettez le front au sol, ou sur vos poings ou vos mains croisées. Relâchez-vous en vous concentrant sur vos sensations.

3. Posture de l'enfant nageant : partant de la posture précédente, inspirez en glissant le bras droit derrière vous. Redressez-vous à quatre pattes et ramenez votre bras droit arqué comme pour crawler. Expirez en revenant à la position de l'enfant. Inspirez en glissant le bras gauche en arrière et redressez-vous à quatre pattes, le bras gauche levé pour crawler. Répétez six fois de chaque côté, en tournant le buste pour accompagner le mouvement et en suivant votre main du regard. Sentez l'étirement des côtés et immergez-vous dans la sensation de bouger au rythme de votre respiration.

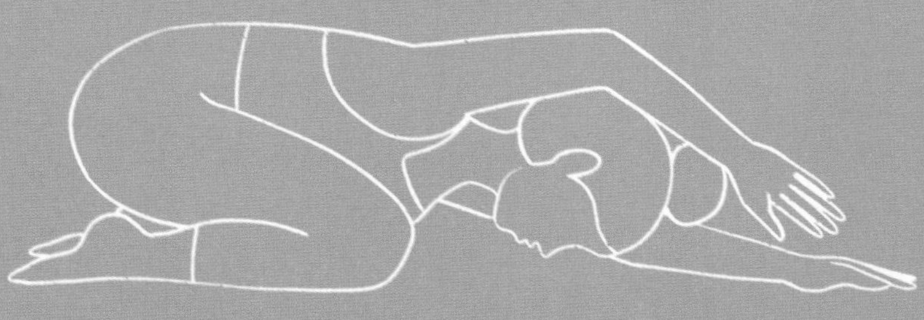

4. Posture du chien : à quatre pattes, sur la pointe des pieds, soulevez le bassin en tendant les bras et en collant les talons au sol pour prendre la position d'un V inversé. Les jambes n'ont pas besoin d'être bien tendues, la priorité est l'étirement de la colonne. Revenez à la posture de l'enfant pour vous reposer et vous relaxer.

5. Enfiler l'aiguille : en partant de la posture de l'enfant, mettez-vous à quatre pattes. En inspirant, levez le bras droit regard vers le haut. Expirez en glissant le bras droit sous le gauche et en tournant la tête pour rapprocher l'oreille droite du sol. Répétez six fois avant de changer de côté.

6. Repos dans la position de votre choix : posture de l'enfant, à plat ventre ou sur le dos et observez vos sensations ou émotions. Répétez le mantra : « L'énergie de l'univers me soutient et me protège. »

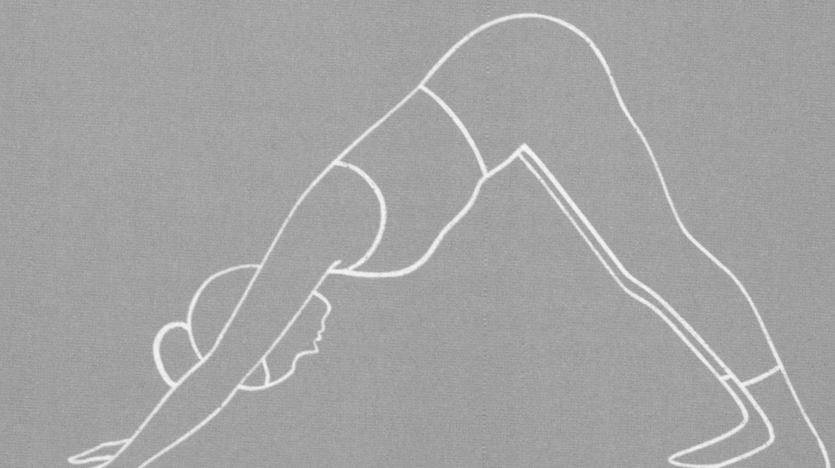

COMPRENEZ VOS ÉMOTIONS

Pour comprendre vos émotions, vous devez avoir du vocabulaire. Il faut que vous ayez des mots pour les décrire et les analyser. Cela permet de développer une « grammaire émotionnelle[41] » – la capacité à nommer précisément chaque émotion et la tonalité des ressentis est appelée « granularité émotionnelle[42] ». Au lieu de se sentir simplement « mal », pouvoir décrire les nuances de sentiments, comme l'ennui, la frustration ou la déception, aide à les aborder de manière plus ciblée. La recherche montre que le fait de posséder un vocabulaire étendu et une perception fine des sentiments permet de mieux réguler ses émotions, d'y réagir de façon plus constructive et avec plus de souplesse[43]. Ces aptitudes sont bénéfiques pour notre santé – les personnes qui ont une granularité émotionnelle élevée ont moins tendance à boire avec excès et, quand elles sont stressées[44], réagissent avec moins d'agressivité aux provocations[45]. Cette différenciation des émotions permet aussi de les voir sous un autre jour – la nervosité peut, par exemple, être considérée comme de l'anticipation.

Regardez cette liste d'émotions différentes. Cherchez la définition de celles dont vous n'êtes pas sûr. À quoi servent-elles ? Y en a-t-il que vous essayez d'éviter ? Pourquoi ? Que se passerait-il si vous leur faisiez de la place ?

Amour
Admiration
Respect
Joie
Contentement
Allégresse
Inspiration
Ouverture
Espoir
Ferveur
Stupéfaction
Étonnement
Acceptation
Amusement
Paix

Courage
Pouvoir
Entrain
Espièglerie
Gratitude
Satisfaction
Bonheur
Détente
Sérénité
Fierté
Excitation
Anticipation
Intérêt
Curiosité
Nervosité

Vigilance
Agacement
Irritation
Affolement
Colère
Fureur
Choc
Peur
Inquiétude
Anxiété
Dégoût
Ennui
Apathie
Tristesse
Mélancolie

Remords
Morosité
Malaise
Mortification
Rejet
Embarras
Ressentiment
Envie
Jalousie
Déception
Solitude
Culpabilité
Désarroi
Irritabilité

Planter une graine : un vocabulaire plus étendu vous aide-t-il à mieux comprendre vos émotions et à reconnaître ce dont vous avez besoin à différents moments ? Cela vous permet-il de vous exprimer avec plus d’assurance ?

Faire la paix avec ses émotions

Commenter intérieurement vos émotions peut vous aider à vous relaxer, mais peut aussi amplifier votre inconfort. Cet enchaînement vous permettra de mieux comprendre comment le jugement modifie ce que vous éprouvez.

1. Échauffez-vous d'abord en marchant autour du pâté de maisons ou en utilisant l'enchaînement du soir (voir page 136).

2. Prenez une petite serviette et allongez-vous sur un tapis. Pliez les genoux sur la poitrine, enlacez-les et balancez-vous légèrement d'un côté à l'autre.

3. Étendez les jambes et prenez conscience de votre corps. Sans jugement positif ou négatif, observez simplement ce que vous ressentez en étant tranquillement étendu.

4. Gardez la jambe droite tendue, le pied fléchi pour l'ancrer au sol. Ramenez votre jambe gauche pliée sur la poitrine, passez la serviette sous votre pied et levez cette jambe. Vous sentez un étirement à l'arrière de la jambe.

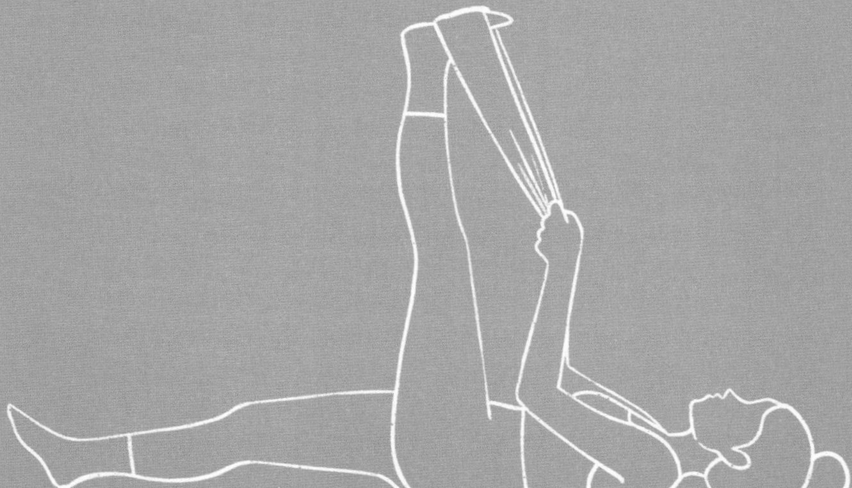

Plus vous la tendez, plus l'étirement se renforce. Vous contrôlez son intensité. Tendez la jambe autant que vous le pouvez, en respirant calmement. Centrez votre attention sur la sensation à l'arrière de la jambe, notez ce qui se passe quand votre respiration est plus lente ou plus ample. En vous relaxant dans votre souffle, est-ce que la sensation est moins intense ou plus supportable? Observez si la sensation change et si vous pouvez tendre encore plus la jambe. Ne forcez pas, il est essentiel de continuer à respirer calmement sans dépasser vos limites. Tenez pendant dix lentes respirations. Voyez si vous cherchez à qualifier ce que vous éprouvez. Critiquer vos capacités ou juger l'exercice lui-même en pensant : « C'est douloureux/pénible, j'ai envie d'arrêter » tend à amplifier la gêne. Être plus neutre, vous montrer curieux : « Je me demande ce qui arriverait si… » ou transformer « déplaisant » en « intéressant » ou « intense » peut vous aider à vous réconcilier avec la sensation. Le jugement pousse à résister, à combattre ce qu'on éprouve, alors que l'ouverture aide à se relâcher et à accepter la sensation en la laissant nous traverser. Nous développons ici autocompassion et capacité d'apaisement.

5. Relâchez l'étirement et remarquez que la sensation ne dure pas - elle a un commencement et une fin -, et que vous pouvez exercer un contrôle en respirant calmement et en orientant les commentaires de votre voix intérieure. Répétez l'étirement sur la jambe droite en vous immergeant dans vos sensations, dans vos pensées et vos mots sur ce que vous éprouvez. Observez ce que vous sentez - l'étirement des jambes et de la colonne vertébrale. Cela a été intense, mais la détente est agréable.

6. Nous pouvons travailler de la même manière sur nos émotions. Comme les sensations, elles sont transitoires et les mêmes méthodes s'appliquent. Sachez qu'elles passeront. Laissez-les surgir, s'exprimer et regardez-les disparaître. Soyez curieux, détendez-vous dans votre respiration, parlez-vous tendrement - c'est toujours intense, mais il y a moins de résistance. Essayez le mantra : « Je fais la paix avec mes sentiments. »

Planter une graine : est-ce que je peux aborder mes angoisses émotionnelles comme mes sensations physiques? Il faut beaucoup de pratique, alors allez-y doucement. Pour vous aider, munissez-vous d'outils permettant de gérer les émotions (voir page 152).

Stimuler la digestion

Cet exercice soutient la digestion et aide aussi à relâcher les émotions. Frottez vos mains pour les réchauffer, puis du bout des doigts, massez-vous le ventre en faisant des cercles de droite à gauche, des hanches au bas-ventre en passant sous les côtes. Répétez ce mouvement dans le même sens pendant quelques minutes, en allongeant l'expiration et en fronçant les lèvres comme pour souffler une bougie. Il se peut que votre ventre émette quelques gargouillis. Amenez le genou droit sur la poitrine en le pressant fortement sur votre estomac, puis relâchez. Alternez les jambes et répétez dix fois.
On nomme familièrement cette posture de yoga le « lâcher des vents », alors ne soyez pas surpris si les bruits se font plus insistants. Relaxez vos jambes dans une position confortable, posez une main sur votre cœur et l'autre sur votre ventre, sentez votre respiration, la chaleur de vos mains et laissez monter en vous attention et réconfort. Répétez le mantra : « Je suis mon propre refuge. »

Respiration du lion

Parfois, nous avons besoin de nous purger de grosses émotions comme la colère, le ressentiment ou la frustration. Toute la difficulté est d'y arriver sans nous faire mal. La respiration du lion peut nous aider, c'est un peu comme crier dans un oreiller. Inspirez par le nez, expirez avec force par la bouche en émettant le son « ha » et en sortant la langue aussi loin que possible, trois fois. Vous exprimez dans le souffle ce qui est difficile ou douloureux à dire.

Exercices pour apaiser : ouverture du livre

Allongez-vous sur le dos, sur le sol ou votre lit, avec un coussin sous la tête, et suivez juste votre respiration pendant une minute. N'intervenez pas, même si elle vous paraît courte ou difficile. Tournez-vous sur le côté gauche en tendant les bras à hauteur de poitrine, pliez les jambes en gardant les genoux dans l'axe des hanches. Dans cette position, votre corps ressemble un peu à un livre fermé. En inspirant, soulevez le bras droit lentement et posez-le à droite en tournant la tête et le buste. Sur l'expiration, revenez à votre position de départ en refermant les pages du livre. Répétez six fois. Les muscles de la poitrine se délient un peu plus à chaque fois et le bras va un peu plus loin. Répétez de l'autre côté, puis revenez sur le dos et sentez l'ampleur réconfortante de votre souffle dans votre poitrine. Votre respiration vous paraît-elle un peu plus lente maintenant ? Observez le calme qui vous envahit quand le rythme de votre respiration ralentit.

Planter une graine : quand nous cherchons à éviter des émotions ou à les retenir, le souffle devient court et le corps se contracte. Voyez comme il est libérateur de bouger au rythme de votre souffle, de le sentir s'amplifier et occuper de plus en plus de place. Avec le temps, cela vous aidera à laisser plus d'espace à vos émotions en les laissant vous traverser une à une.

Exercices pour apaiser : méditation sur le cœur

Asseyez-vous dans une position confortable, le dos droit, sur une chaise ou un coussin. Fermez les yeux, relâchez les muscles du visage et des épaules, et respirez plusieurs fois calmement. En inspirant, posez le bout des doigts à la base de votre crâne, expirez et remontez-les lentement le long de la tête, sans la toucher. Vos deux mains se rencontrent au centre du front, paume contre paume. Inspirez ici, puis descendez lentement les mains sur votre cœur, paumes jointes comme en prière. En répétant ce mouvement, insufflez-lui l'intention de rassembler l'énergie mentale au centre du front pour l'amener au cœur. Vous commencez à sentir l'énergie ou la chaleur se diffuser dans vos mains jointes et se répandre dans votre cœur. Restez ainsi quelques minutes, les mains superposées sur la poitrine. Respirez en elles et imaginez, au centre de votre cœur, une boule de lumière blanche, la flamme d'une bougie ou le soleil se levant sur l'océan. Laissez votre esprit s'attarder sur cette image lumineuse et sur la chaleur émanant du cœur. Inspirez davantage de lumière et de vie et expirez ce dont vous n'avez plus besoin. Répétez le mantra : « Je peux être là pour moi. »

Planter une graine : chaque fois que vos pensées s'éparpillent ou que votre énergie se dissipe, utilisez cet exercice pour vous centrer et retrouver votre motivation.

L'importance de la connexion

« Nous ne perdons jamais ce qui nous a rendu heureux et que nous avons profondément aimé. Car tout ce que nous aimons profondément fait partie de nous[46]. »
– Helen Keller

Quand j'ai perdu mon père d'une maladie neurodégénérative, à la douleur de le voir souffrir s'ajoutait le chagrin de la perte du lien. Il n'y a pas que la mort qui provoque cette perte, la distance physique, un conflit, la rupture d'une relation ou le simple sentiment d'être en décalage peuvent nous laisser à vif.

Le lien est le baume qui calme la douleur du deuil – qui réunit les visages aimés de votre tribu autour de vous et continue de vous rattacher à ce que vous avez chéri et perdu. À un niveau plus simple, quand j'ai raccroché mes patins, après une enfance passée sur la glace, pour me tourner vers le yoga, j'ai eu le sentiment d'avoir retrouvé une forme d'expression capable de m'accompagner jusqu'à la fin de mes jours. Mais en tant que psychologue, j'ai eu plaisir à travailler avec de jeunes patineurs. De ce fait, mon sentiment de perte pour ce sport s'est trouvé apaisé.

À un niveau plus profond, garder un lien avec mon père m'a aidée à m'en sortir et à me rétablir après son décès. Me dire que mon père est parti pour toujours est quelque chose que j'ai encore du mal à accepter. La douleur de cette séparation est insupportable, mais j'ai fini par la penser comme une distance. Notre relation n'est pas rompue. Oui, il n'est plus là, mais je descends de lui comme de ma mère, nous ne pourrons donc jamais être vraiment séparés. Nous ne faisons qu'un et sommes semblables. Je pense que c'est vrai pour tout être aimé, qu'il soit de notre chair ou non. Nous en arrivons à être si subtilement entremêlés que cette connexion transcende l'espace et le temps. En pensant à mon père, en évoquant des moments idiots, des anecdotes, des souvenirs, je peux ramener sa chère présence et m'y lover. Il est toujours avec moi quand je parle de lui avec mes enfants, quand je lui adresse une petite prière, quand je vais courir comme il aimait le faire ou que je me promène dans la nature comme cela nous arrivait si souvent. Il est toujours avec moi et notre connexion est vivante.

Comment perpétuer les relations avec des êtres chers ?

Demander des souvenirs à la famille et aux amis : il peut s'agir de quelques lignes, d'une histoire qui éclaire qui ils étaient ou leurs valeurs, ou d'une photo. Rassemblez ces contributions dans un livre de souvenirs qui commémore leur vie et leur héritage, et perpétue leur présence.

Avoir des activités que vous faisiez ensemble : par exemple, préparez un plat que vous aimiez ou laissez-vous transporter par un parfum ou un goût évocateur. Partagez ces recettes avec votre famille pour garder cet héritage vivant.

Écrire une lettre : exprimez tout ce qui n'a pu être dit, aussi à voix haute ou dans une prière.

Y a-t-il un lieu où vous vous sentez proche d'eux? Un environnement qui vous les rappelle, un endroit où vous aimiez aller ensemble, un café familier, un banc évoquant un souvenir particulier. Les êtres chers peuvent vous envoyer ce que vous considérez comme des signes. J'ai vu trois fois un martin-pêcheur depuis que mon père est mort : le jour de son enterrement, le jour où mon fils a été en crèche et après une séance intense avec mon thérapeute. Il m'envoyait indiscutablement un message. Quand la nostalgie est trop forte, visitez ces lieux de mémoire et souvenez-vous des moments que vous y avez passés ensemble. Que leur diriez-vous aujourd'hui? Vous sentez-vous stimulé par leur amour ? S'il vous est impossible de vous rendre physiquement dans ces endroits, vous pouvez regarder des photos ou y aller en esprit et visualiser cette expérience.

Planter une graine : votre relation se poursuit, elle est ancrée dans votre corps et autour de vous – réactivez-la chaque fois que vous le pouvez. Est-ce que cela atténue le sentiment de séparation ou de distance?

Les conséquences de la mort sur la dynamique familiale

Quand on parle de lien, il faut s'intéresser aux conséquences de la disparition sur ceux qui restent. Rappelons-nous que le deuil nous affecte tous différemment, alors évitons de juger ou de comparer. Le chagrin fait de nous des écorchés, nous rend hypersensibles et vulnérables. Quand nous avons mal, nous nous censurons moins, nous parlons et nous nous comportons comme nous ne le ferions pas habituellement. Le mantra : « Les gens blessés blessent les gens » peut être utile à rappeler quand nous avons à gérer notre chagrin ou nos relations avec des personnes endeuillées. Après une mort, la situation devient parfois explosive du fait des dispositions à prendre et des questions d'héritage. Les choses sont ressenties très différemment dans une famille quand la personne n'est plus là. Les dynamiques, les gens et les relations changent. La compassion est la clé.

Planter une graine : il arrive que les relations qui nous soutiennent normalement soient compromises à la suite d'une disparition. Il faut alors faire appel à d'autres personnes dans la famille ou dans un cercle plus large. Dites de quel genre d'aide vous avez besoin et donnez-vous le droit de choisir la nature de vos interactions sociales. La présence aimante d'animaux de compagnie peut être profondément apaisante dans ces moments-là.

CHANGEZ-VOUS LES IDÉES

Le fardeau du deuil est écrasant, nous devons donc à la fois affronter le sentiment de perte, mais aussi savoir comment trouver le calme au milieu du chagrin. Se changer les idées peut aussi nous aider à découvrir, sous notre tristesse, d'autres émotions capables de transformer notre peine plus tard.

Comment vous distraire sainement et booster votre moral ?

Autorisez-vous une pause dans votre chagrin : ancrez votre esprit dans tout ce qui peut vous nourrir. Jouez ou écoutez de la musique, créez ou admirez des œuvres d'art, faites du scrapbooking, du tricot, des sudokus, jouez aux cartes ou à des jeux de société, regardez vos comédies préférées, promenez le chien, méditez, faites de l'exercice, du rangement, touchez, sentez, voyez des amis, faites du bénévolat, puisez dans votre sonothèque (voir page 74), dites des mantras ou respirez.

Savourez : c'est la capacité à se gorger d'expériences agréables et c'est un puissant stimulant pour le moral, parce qu'aux sentiments de perte se mêlent des sentiments de gratitude, d'affection et d'amour. Cela vous aide à remarquer et à récolter les bienfaits de sentiments plus légers et insouciants. Savourez le passé en évoquant des souvenirs heureux, en esprit, dans une lettre ou une

conversation. Savourez le présent en admirant et aimant, en faisant appel à tous vos sens. Cela peut être aussi simple que le rituel du thé dans votre tasse favorite. Savourez le futur en utilisant le pouvoir de votre imagination pour anticiper des expériences gratifiantes ou apaisantes, en vous disant que la vie ne sera pas toujours aussi pesante et que l'espoir est un puissant moteur pour avancer.

Gratitude, appréciation, étonnement et admiration : sous la douleur de la perte se cache une mine de gratitude et d'amour à exploiter. Laissez votre esprit s'attarder sur ce que vous avez tant aimé dans cette vie passée - les moments, les souvenirs, les enseignements. Vous vous apercevrez, avec le temps, que votre chagrin a été transformé par ces émotions et que vous pouvez embrasser sans réserve ce nouvel aspect de votre vie.

Buts et sens de la vie : alors que la perte s'avère initialement déstabilisante, avec le temps, elle a aussi le pouvoir de vous connecter profondément à ce qui compte vraiment pour vous dans la vie, en vous permettant de voir où et de quelle manière utiliser votre énergie. Réfléchir à comment cette expérience vous fait grandir et à ce qu'elle vous apprend sur vos forces et vos valeurs peut vous aider à progresser sur la route de la guérison.

Planter une graine : quand vous vous sentez submergé par la perte, faites une pause libératrice. C'est indispensable pour rétablir le sentiment du moi. Souvenez-vous qu'il y a énormément d'amour sous votre chagrin - laissez-vous aussi traverser par cet amour.

TROUSSE À OUTILS

Quand je n'ai pas la forme…

- Je m'observe pour sentir ce que j'éprouve.
- J'apprivoise ma peine – c'est à ça que ressemble la guérison.
- Je me demande ce que les autres ressentiraient à ma place et je me manifeste de la tendresse, comme je le ferais pour un être cher.
- Je pleure, hurle, rugit avec la respiration du lion, je bouge ou je reste calme et immobile.
- J'observe les textures et sensations, je me connecte à mon corps, je me relâche, j'écoute ce qu'il a à me dire.
- Je répète le mantra : « Je suis en sécurité, je suis aimé, je suis soutenu. » La terre me porte. Je peux faire appel aux autres pour l'amour et le réconfort, je me soutiens. Je suis là pour moi.
- Je me rappelle que je suis digne d'intérêt. Je suis digne d'amour comme je suis. J'apporte quelque chose au monde.
- Je me tourne vers ma roue de la vitalité pour trouver de quoi m'apaiser, avancer pas à pas sur la route de la guérison, à mon rythme.
- Je demande de l'aide et je choisis sous quelle forme.
- Je me console en sachant que ce sentiment passera. De ce chagrin, de bonnes choses sortiront.

Quand quelqu'un me manque…

- J'y vois le désir de me sentir relié et d'exprimer mon amour.
- Je remercie pour tout ce que cette personne était et est toujours pour moi, en pensant à ce qu'elle m'a appris ou comment elle m'a aidé à devenir ce que je suis.
- Je cherche à retrouver sa présence aimante, que ce soit par des photos, des souvenirs, dans la nature ou dans des lieux évocateurs.
- Je pense à des personnes dans ma vie qui peuvent remplir ce manque, et je me tourne vers elles.

- Je me rappelle que je peux aussi m'apporter sécurité et réconfort.

Quand je suis triste parce qu'un chapitre se clôt...

- Je me donne le droit de sentir cette tristesse, car je ne peux pas ignorer mes sentiments ou y échapper.
- Je me dis qu'avoir mal, c'est aussi travailler à ma guérison. Pour s'en sortir, il faut subir.
- Je reconsidère la tristesse ou la peine, je sais qu'elles ne sont pas là pour rien, qu'elles ont un sens. C'est un témoignage d'amour pour ce qui a été et que je respecte. Qu'est-ce que cela me dit de mes besoins actuels ?

Quand j'éprouve de la colère ou du ressentiment pour ce que j'ai traversé...

- J'accepte ce que je ressens – c'est ainsi que je m'affirme et soutiens mes valeurs, que je pose mes limites et que je me protège.
- Je l'exprime de manière constructive en utilisant des exercices, la respiration, en écrivant tout ce que je ressens sur un papier que je jetterai, ou en hurlant (hors de portée de voix) des jurons libérateurs.
- Je crée un pare-feu pour éviter que ces sentiments durent et me submergent. Je vais les éprouver et lâcher prise, en ayant recours, au besoin, à de saines distractions.
- Je réfléchis à la notion de pardon – pour moi, pour les autres et pour la vie même, sachant qu'on pardonne pour se libérer soi-même, pas l'offenseur, et qu'on n'absout pas pour autant l'offense.
- Je reviens aux règles de base de l'énergie pour me recharger (voir page 114).

TROISIÈME PARTIE

Changement et transition

Le changement survient en nous et autour de nous. Chaque jour, nous nous réveillons avec un esprit et un corps modifiés par la plasticité neuronale et le renouvellement cellulaire, plongé dans un environnement qui change au rythme des saisons. Bien que ce soit la seule constante de la vie, la dynamique et les implications du changement et de la transition sont assez mal comprises. Comme le deuil, nous n'en parlons simplement pas assez, même si les choses évoluent. Ainsi, le concept de « matrescence » a été inventé dans les années 1970 pour décrire la transition vers la maternité, mais ce n'est que depuis peu qu'il est entré dans le domaine public et qu'on reconnaît le caractère crucial de cette étape de la vie[47]. Il n'y a rien de nouveau concernant la ménopause, mais là encore, il n'y a pas très longtemps que le sujet est moins tabou. La retraite est une autre transition majeure de la vie généralement négligée, même si une série de recherches[48] récentes s'y intéresse enfin également.

CHANGEMENT ET TRANSITION, QUELLES DIFFÉRENCES ?

Changement et transition sont des mots souvent utilisés l'un pour l'autre, c'est ce qui rend en partie leur compréhension si difficile. William Bridges[49] propose une distinction éclairante et utile.

» **Le changement se réfère à une situation ou à des facteurs extérieurs.**

» **La transition se rapporte à des facteurs psychologiques, une réorientation intérieure, une redéfinition du moi ou une réorganisation de la vie à la suite d'un changement.**

Pour qu'une transition réussisse, nous devons opérer des transformations intérieures, ce qui peut impliquer une mue, reconnaître une perte et en faire le deuil. Selon Bridges, il y a trois étapes dans une transition :

» **Une fin : il faut laisser partir l'ancien avant de pouvoir avancer. Cela peut s'apparenter à une mort – la fin de la vie que nous connaissons. L'admettre et nous permettre d'en faire le deuil est fondamental pour gérer changement et transition. J'espère que ce sera aussi libérateur pour vous que pour moi. Il est logique de faire le deuil d'une perte d'identité, de la fin d'une croyance, d'une attitude, d'une habitude, d'une activité (comme l'allaitement), d'une période, d'une relation (même quand la relation est intacte, mais que la dynamique change, comme quand votre bébé grandit), d'un rôle, d'une vision ou d'un rêve.**

» Une zone neutre : la période entre l'ancien et le nouveau, un temps souvent caractérisé par la confusion, l'angoisse, l'incertitude et le vide.

» Un nouveau départ : on renaît à soi-même, de nouveaux rythmes et schémas de vie émergent, objectifs, orientations et actions sont réactualisés, on a un sentiment de résonance, de rentrer chez soi.

Pourquoi est-ce difficile ?

Peu importe que le changement soit positif, volontaire ou imposé - c'est toujours une épreuve. L'attitude de la société moderne face au changement et le manque de référentiel concernant la transition rendent les choses encore plus difficiles. Il n'y a que peu de repères sociétaux ou de rites de passage. Cette réorientation intérieure est dure pour tout le monde, et il est normal qu'une partie de nous cherche à défendre notre vieux moi comme si notre vie en dépendait. Nous avons tendance à nous précipiter dans la transition, la technologie attise en nous un désir de gratification immédiate, nous sommes plus impatients, incapables d'attendre. Nous ne respectons ni les temps morts ni l'inactivité qui passe pour de la paresse. Le syndrome FOMO (*Fear of missing out*, ou « peur de manquer quelque chose » en français) nous pousse à sauter avant d'être vraiment prêt, nous propulsant dans l'action sous prétexte de productivité. C'est vrai, ces phases de mutation sont épuisantes, mais nous ne pouvons pas forcer le passage ni accélérer la métamorphose intérieure nécessaire pour réussir la transition vers une « nouvelle normalité ».

À quoi s'attendre

Les processus de changement et de transition s'accompagnent souvent de stress, d'un sentiment de perte et de deuil. Cela peut être dévastateur et douloureux, déstabilisant et apparemment dépourvu de sens. Quand nous l'acceptons, il y a une fin. Nous faisons évidemment notre deuil de notre enfance, de nos capacités, de notre autonomie et de notre indépendance en avançant dans la vie, en regardant nos enfants grandir et devenir adultes, en changeant de carrière, de relations, d'objectifs ou en nous déracinant.

Il y a de la peur, de la gêne et de la tristesse, mais il y a aussi des sentiments d'exaltation, d'excitation, de libération et la joie de renaître ! La diversité est le sel de la vie, et le changement est un terreau fertile pour la croissance. La transition est l'étoffe même de notre évolution personnelle.

Changement et transition s'apparentent beaucoup à des cycles : un temps de lâcher prise, un espace liminaire, comme une période de gestation suivie d'une avancée, d'un sentiment de devenir ou de nous retrouver, suivi d'un autre lâcher prise. On peut aussi avoir l'impression d'une alternance entre expansion et contraction, d'un processus de désintégration et de reconstruction, de mort et de renaissance.

Les compétences clés pour gérer changement et transition

Patience et tolérance face à l'incertitude : la capacité à supporter le malaise du changement, la perte, le flou, le fait de ne pas savoir, de ne pas contrôler tout ce qui arrive et la lenteur du processus.

Connaissance de soi : vous connaître, savoir quelles parties de vous restent inchangées, identifier vos forces et vos valeurs.

Courage et force : avoir l'audace de vous affirmer et de défendre votre cause, être motivé et savoir cibler vos objectifs.

RÉAGIR AU CHANGEMENT ET À LA TRANSITION : CE QUE VOUS POUVEZ FAIRE

SOMMEIL, REPOS, RELAXATION ET RESPIRATION : longues expirations pour aider à gérer une fin, respiration nasale alternée pour l'équilibre dans la zone neutre, et respiration ujjayi (voir page 165) pour la détermination au cours d'un nouveau départ.

VALEURS ET MOTIVATIONS : donner du sens au changement, croissance post-traumatique, créer une vie correspondant à ce qui compte le plus pour vous, être utile.

OBJECTIFS : apprendre à connaître votre « meilleur moi futur », comprendre objectifs et comportement, réfléchir à vos réussites, apprécier l'effort et pas seulement le résultat, reconnaître le chemin parcouru et les épreuves traversées.

BOOSTEURS D'HUMEUR : curiosité, gaieté, rire.

EXERCICE ET NUTRITION : manger de saison, varier les plaisirs, utiliser des postures pour donner de l'assurance.

CAPACITÉS D'ADAPTATION : acceptation et bons efforts, penser le changement de manière constructive et développer votre identité.

ENVIRONNEMENT PHYSIQUE : la nature comme guide du changement.

INTERACTIONS SOCIALES : nouvelles relations, faire appel à des personnes inspirantes pour vous guider.

LES PRATIQUES POUR LE CHANGEMENT ET LA TRANSITION

Dans le processus de changement et de transition, vous pouvez utiliser la capacité à relaxer et calmer l'esprit et le corps, abordée dans la partie sur le stress, et la capacité à accepter la perte, à sentir et à traverser les émotions, explorée dans la partie sur le deuil. Vous aurez sans doute intérêt à développer d'abord ces aptitudes avant de vous plonger dans les exercices de cette partie. Mais si vous vous sentez stimulé, résolu et motivé, vous pouvez commencer directement ici. Ces pratiques sont complémentaires, elles aident à accepter le changement et la transition, développent la connaissance de soi indispensable à la naissance d'une nouvelle identité et permettent d'agir de manière réfléchie.

Faire la paix

Nous avons appris à accorder de la place à nos sensations et à nos émotions, voyons maintenant comment adoucir l'expérience du changement et de la transition. Voici différentes manières de mieux accepter ces situations.

La nature comme guide du changement

Si vous voulez appréhender le spectre entier du changement dans toute sa gloire, tournez-vous vers la nature. Elle nous offre l'occasion de nombreuses métaphores pour donner du sens à ce qui nous arrive et l'accepter. Voyez l'obstination des animaux ou des plantes à survivre et même prospérer dans les conditions les plus rudes. Souvenez-vous que l'esprit humain peut être aussi fort. Pensez aux fleurs qui profitent des moindres ressources disponibles pour s'épanouir dans de minuscules fentes, nous avons cette même capacité. Le saule qui ploie et se balance dans le vent, à nous de nous montrer aussi souple et résistant. Le surgissement de la vie après un feu de forêt, nous pouvons également renaître après un incendie. Comme le papillon qui sort de sa chrysalide à la seconde même où il est prêt, mais pas avant, prenons notre temps. Le paysan laisse ses champs en jachère, il respecte ce besoin de repos de la terre. Les saisons nous rappellent l'impermanence de la vie, il y a un temps pour tout, chaque étape a sa beauté et son intérêt – la promesse du bourgeon, l'épanouissement et la pollinisation de la fleur, de même que le flétrissement des pétales qui retournent à la terre pour nourrir la plante.

En méditant sur la nature, nous voyons que le monde va ainsi et qu'on ne peut pas le changer.

Nous n'avons pas d'autres choix, il faut apprendre à accepter, nos efforts, notre volonté ou nos désirs n'y changent rien et résister ne fait que nous épuiser[50]. Inspirons-nous des messages de la nature pour nous aider à adoucir cette certitude, permettons que ce qui doit être soit. C'est inconfortable, douloureux, mais aussi libérateur. Méditez sur la nature et apprenez à l'imiter. Essayez ce rituel pour vous connecter aux saisons de la vie : cueillez quelques fleurs dans le jardin et appréciez leur présence. Admirez leur beauté et le réconfort qu'elles vous apportent. Quand les pétales tombent, utilisez-les pour faire un mandala, aimez-les sous cette forme. Ensuite, répandez-les sur la terre pour l'enrichir. Cultiver un légume ou un jardin de plantes aromatiques fait participer au même processus naturel. Voici quelques mantras pour vous soutenir : « Je me donne le temps, j'ai le temps ! », « Je respecte cette période de jachère, rien ne fleurit toute l'année », « Je savoure ce qui est agréable et fais la paix avec ce qui est douloureux. »

Que manger ?

À un plus simple niveau, épousons le changement en suivant le rythme des saisons et en choisissant des aliments produits localement. Essayer des nourritures et des boissons inconnues, préparer des repas différents ou de nouvelles recettes et goûter des mets d'autres cultures permet aussi de s'habituer au changement.

Utiliser la respiration

Nous pouvons utiliser la respiration de différentes manières pour nous soutenir durant chaque phase d'une transition.

Allonger l'expiration : à essayer pour aider à lâcher prise et à traverser la phase de fin du changement ou de la transition.

Respiration nasale alternée : elle a un effet calmant et équilibrant[51], elle nous ancre quand nous sommes en zone neutre. Elle est aussi utile pour les maux de tête suite à des tensions. Placez l'index et le majeur d'une main entre les sourcils. Avec le pouce et l'annulaire, fermez alternativement une narine. Commencez par fermer la narine droite et inspirez par la narine gauche. Fermez la narine gauche et expirez par la droite. Inspirez par la droite, puis expirez par la gauche. Répétez l'exercice pendant cinq minutes et terminez toujours en expirant par la narine gauche. Si le sommeil vous fuit, pratiquer la respiration nasale alternée ou simplement l'imaginer peut aider à calmer le système nerveux.

Respiration ujjayi : elle vous soutiendra dans une phase de nouveau départ, son effet est à la fois stimulant et réconfortant[52]. Cette respiration se pratique en inspirant et expirant par le nez, bouche fermée en émettant le son « ha ». Inspiration et expiration ont la même durée. Le son émis est subtil, un peu comme le bruit de l'océan. Votre souffle chatouille délicatement le fond de votre gorge, sans tension dans la langue, la mâchoire, la gorge ou le cou. Cette respiration se pratique pendant quelques minutes à tout moment. À éviter quand on est congestionné.

Observer vos pensées

Débusquez toute tendance à la comparaison : à la fois avec les autres et entre votre « vieux » et votre « nouveau » moi. Notez comment cela vous affecte. Il s'agit juste d'une habitude et vous pouvez apprendre à la lâcher si elle ne vous sert pas.

Sortez de la spirale des « pourquoi » et accueillez le pouvoir du « quoi » : en période de changement, il est facile de se noyer dans une mer de pourquoi. Observez quand votre esprit est entraîné dans des questions sans fin et ramenez-le vers quelque chose de plus constructif en vous concentrant sur ce que vous pouvez faire.

Faites attention aux mots que vous choisissez : ils ont beaucoup de pouvoir. Transformez « je dois » en « je vais » ou « je choisis de ». Passez de « je ne peux pas » à « je ne veux pas ».

Souvenez-vous que la situation ne durera pas toujours : c'est vrai même quand il n'y a pas de fin en vue. Consolez-vous en vous disant que ça passera aussi.

Planter une graine : quelle est votre relation au changement et à la transition? Étiez-vous conscient de la distinction entre les deux? Leur définition vous aide-t-elle à comprendre pourquoi cela a parfois été si difficile pour vous? Que pensez-vous maintenant du changement et qu'est-ce qui vous vient à l'esprit à propos des étapes de la transition – la fin, la zone neutre et le nouveau départ? Vous les envisagez peut-être autrement. Établissez une chronologie de toutes les transformations significatives dans votre vie et voyez comment ces expériences ont modifié votre rapport au changement et à la transition. Si vous les envisagez de manière négative, pouvez-vous prendre du recul?

APPRENEZ À VOUS CONNAÎTRE : PRÉPAREZ LA VOIE À LA RENAISSANCE

Qu'est-ce que l'identité signifie pour vous ?

Qui êtes-vous au milieu de tout ce changement ? Notre identité est souvent liée à des noms, une apparence, des talents, des intérêts, des passe-temps, un genre, la sexualité, l'éducation, la carrière, des relations, un statut, l'argent, une communauté, une nationalité, une ethnie, une religion, une langue, une culture ou à des convictions politiques. Mais qu'y a-t-il en dessous ? Quelles sont les constantes ? Quelle est votre vraie nature, ce qui demeure en dehors des variables externes ? L'avantage de se trouver au beau milieu de la transition est que ces choses deviennent plus claires. En observant le caractère transitoire des sensations, émotions, pensées qui vous traversent, pouvez-vous commencer à vous connecter à la partie permanente de vous-même ? La partie qui regarde, qui n'est pas atteinte par les événements ? Voyez-la comme votre conscience. Vous êtes plus que votre histoire. Qu'est-ce qui se cache derrière vos rôles et vos responsabilités ? Nous sommes façonnés par les événements de notre vie, mais ils n'ont pas à nous définir.

Comment vous définissez-vous ? Prenez le temps d'y penser et réfléchissez à l'interconnectivité de la vie. Asseyez-vous sur un banc et regardez ce qui se passe autour de vous. De tous vos sens, notez les odeurs, les sons, les images, les goûts, les textures et les souvenirs que cela évoque en vous. Laissez-les vous envahir. Observez les mouvements des gens autour de vous – des gens comme vous qui sont assis et regardent les autres, vous partagez cette expérience. Remarquez ceux qui marchent, qui courent, qui conduisent, ceux qui sont dans les bus, les trains ou les avions. Réfléchissez aux fois où vous avez pris ces moyens de transport et aux places que vous occupiez, connectez-vous à ce sentiment de destinée commune. Notez les allées et venues autour de vous, sans jugement, et pensez à ces expériences qui ont aussi été les vôtres. Sentez profondément cette humanité partagée et laissez votre esprit s'attarder sur l'idée que vous faites partie intégrante de l'humanité. Qu'éprouvez-vous en l'absence d'éléments extérieurs pour vous définir ? Sentez cette connexion naturelle au monde, cette appartenance à quelque chose de plus grand que vous, votre place dans ce tout, la place de chacun. Vous comptez, tout le monde compte. Vous pouvez aussi penser au cosmos, dont la complexité se reflète dans celle du corps humain ou dans la structure d'une cellule, ou alors simplement regarder les étoiles.

Écrivez-vous une lettre en choisissant des mots qui résonnent en vous. Qu'avez-vous envie de vous dire ? Qu'avez-vous besoin d'entendre ?

Établissez une chronologie des événements de votre vie : passez en revue ce que vous avez réalisé, y compris ce que vous avez surmonté. Que ressentirait quelqu'un d'autre à votre place ?

Voyez le positif : quelles qualités appréciez-vous chez vous ?

Réfléchissez à votre situation actuelle : que comptez-vous à votre actif ? Ne considérez pas seulement les résultats positifs, mais aussi les efforts, la ténacité, le cran, l'originalité, la persévérance ou l'attention aux autres.

Explorez vos peurs : voyez ce qui vous inquiète. Quand vous

sentez-vous à l'aise et pourquoi ? Se détendre ne dépend pas que des fibres musculaires, c'est aussi une question de concordance, ce sentiment de paix quand nous sommes en accord avec nos valeurs. Servez-vous de cette information pour réfléchir à ce qui vous motive.

Prenez un engagement : promettez-vous de respecter ce qui vous importe, y compris veiller sur vous. Quelle forme donner à cela ?

IDENTIFIEZ VOS FORCES ET VOS VALEURS

Vos forces sont ce que vous faites bien, naturellement et sans effort. Vos valeurs sont ce qui compte le plus pour vous dans la vie. Les deux vous font progresser et vous motivent. On se sent puissant quand on fait bon usage de ses forces et qu'on peut y avoir recours dans les moments difficiles. Connaître ses valeurs aide et inspire dans les épreuves.

Essayez les méthodes suivantes pour apprendre à mieux vous connaître.

- Avec qui sentez-vous une résonance ou une connexion ? Pourquoi ?
- Qui admirez-vous (cela peut être des personnes de votre entourage, des célébrités, des personnages historiques ou de fiction) ? Pourquoi ?
- De quoi êtes-vous le plus fier et pourquoi ?

- De quelles qualités avez-vous tiré parti?
- Si l'argent n'était pas un problème, comment passeriez-vous votre temps?
- Si vous n'aviez rien à craindre, que feriez-vous ou que cesseriez-vous de faire?
- Réfléchissez à ce qui vous met en colère, quels principes moraux sous-jacents sont en jeu?
- Voyez sur Internet le test d'« inventaire des forces de caractère » qui permet de classer vos 24 forces. Les 5 premières représentent ce que vous faites bien, les 5 dernières des points que vous pouvez choisir d'améliorer.
- Décrivez les différents rôles que vous jouez dans la vie et examinez les qualités que vous aimeriez posséder pour chacun d'eux. Pour quoi aimeriez-vous être doué? Qu'aimeriez-vous réaliser pour les autres? Quel souvenir aimeriez-vous laisser?

Croissance post-traumatique et signification

L'une des manières d'appréhender le changement et de permettre l'émergence d'un nouveau moi consiste à voir, au-delà de votre peine, comment les épreuves vous ont fait grandir[53]. Les questions suivantes peuvent vous aider à trouver un sens au chaos et, une fois que la poussière est retombée, révéler du positif dans ce qui vous arrive :

- Comment l'épreuve a-t-elle développé votre perception de qui vous êtes, de vos capacités, de vos motivations?
- Qu'avez-vous appris sur la vie ou le monde?

- Est-ce que de nouvelles portes se sont ouvertes ?

- Est-ce que des relations se sont approfondies?

- Est-ce que cette expérience vous a fait apprécier des aspects précieux de votre vie ou la vie elle-même?

Planter une graine : dans les moments difficiles, demandez-vous ce que vous apprenez sur vous, sur les autres, sur le monde. Pouvez-vous y trouver une occasion de grandir, de développer une qualité qui vous est chère? Prenez du recul et essayez de voir plus loin, mettez cette situation en perspective. Offrez-vous une bonne dose de tendresse et de compassion – c'est dur et ça fait mal, personne ne dit le contraire!

CHOISISSEZ VOTRE PLAN D'ACTION

Nous avons longuement parlé de lâcher prise, d'accepter et de faire la paix, mais il y a aussi un temps pour l'action. Vous n'êtes pas un être passif, vous pouvez vous montrer fort, créatif et inventif face aux aléas de la vie, et choisir où diriger énergie, attention et efforts vers un but. Le tout est d'identifier ce que vous maîtrisez, ce qui est vraiment important pour vous et les ressources dont vous disposez. Établissez votre carte de vie (voir page 104) pour commencer et utilisez les exercices suivants pour cibler et préparer vos prochaines étapes.

Rituel de pleine conscience

Asseyez-vous et évacuez les tensions du cou, de la poitrine et du haut du dos en roulant les épaules et en tournant la tête plusieurs fois (voir page 89). Oubliez votre journée et respirez calmement. Formez une sorte de clocher avec vos mains, en joignant vos doigts écartés du pouce à l'auriculaire, à la hauteur de la poitrine. Sentez la pulsation et la chaleur au bout de vos doigts, voyez comme ce geste est source d'une vraie présence dans votre esprit. Appuyez le bout de votre langue sur votre palais, sa voûte ressemble à l'élévation du clocher vers le ciel. Il y a là un équilibre et une paix. Répétez : « Je suis l'architecte de ma vie » et insufflez vie et conviction dans cette affirmation.

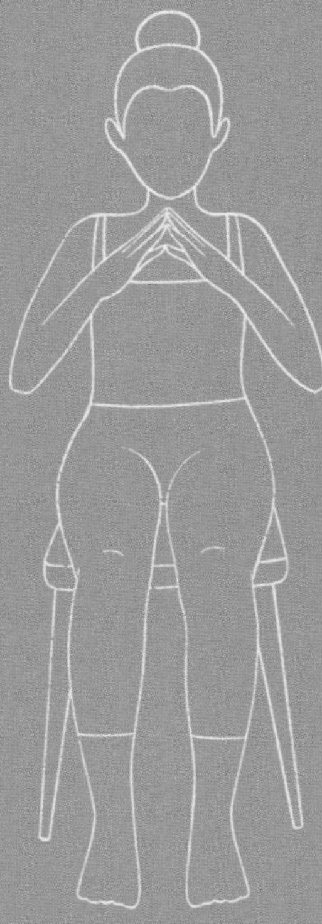

Planter une graine : chaque fois que vous avez envie qu'on vienne à votre secours ou le désir d'éviter la situation présente, souvenez-vous que vous pouvez faire face. Demandez-vous comment agir. Même si la réponse n'est pas claire dans l'immédiat, elle le deviendra. Pouvez-vous vivre avec cette incertitude pendant un moment ?

Soyez conscient de vos fondations

Quand on s'engage dans une nouvelle voie, on a souvent le sentiment de partir de zéro ou de revenir à la case départ, ce qui peut être désespérant. Mais souvenez-vous que vous ne bâtissez pas sur rien ! Toutes les leçons de la vie, les idées glanées, la force acquise et les compétences développées ont édifié de solides fondations pour le prochain chapitre de votre vie, même s'il est très différent du précédent. Tout est transférable, utilisable et applicable. Peut-être aimeriez-vous connaître quelques-uns de ces enseignements ?

Rencontre avec votre « meilleur futur moi »

Quand vous sentez qu'une nouvelle identité se forme, souvenez-vous qu'il s'agit plus d'un processus que d'une finalité. Votre vie n'est qu'un long et incessant devenir. Sans vous forcer, essayez d'imaginer votre meilleur futur moi. Quand la situation se sera calmée, qui aimeriez-vous voir surgir ? Quels choix ferait-il ? Comment se parlerait-il et parlerait-il aux autres ? Comment s'occuperait-il ? Vous pouvez vous le représenter avec les yeux de l'esprit, tenir un journal, noter des idées ou des phrases, dessiner ou découper des images et des mots pour faire un collage. Voyez ces facettes de vous-même sortir de la page, entrer en relation et dialoguer, et servez-vous-en pour avancer.

Planter une graine : dans les périodes difficiles, demandez-vous ce que ferait votre meilleur futur moi en suivant votre instinct. Sachez que chaque prise de décision concordant avec cette vision vous rapproche de cette version de vous.

Décisions, décisions...

En prenant une nouvelle voie, vous serez sans doute confronté à une myriade de décisions. Si vous ne savez plus où donner de la tête, essayez de réduire le nombre d'options pour vous soulager ou resserrer les choix à faire dans l'immédiat. Demandez l'aide d'un proche si vous vous sentez dépassé ou sortez faire une marche rapide pour y voir plus clair. Au lieu de penser qu'il y a une « bonne » et une « mauvaise » décision, dites-vous que plusieurs options peuvent être envisageables. Il n'est pas question de faire le seul choix juste, mais de faire un « bon » choix. Comment savoir ce qu'est un bon choix ? Il doit correspondre à vos valeurs et s'appuyer sur vos forces. Vous le sentirez dans votre corps. Quand vous êtes en accord avec votre décision, vous le sentez dans votre ventre et votre respiration. Dans le cas contraire, votre corps vous le fera savoir, alors écoutez-le. Si vous êtes indécis, donnez-vous un peu de temps et posez-vous ces questions :

- Si je choisis cette option, quels en sont les bénéfices ?

- Si je ne suis pas cette voie, qu'est-ce que je perds ?

- Qu'est-ce qui me motive ? Est-ce la peur ou le doute, l'autocritique ou l'espoir, l'instinct ou le courage ?

- Si un ami était confronté à ce choix, qu'est-ce que je lui dirais ?

Planter une graine : si vous avez du mal à prendre une décision, sortez des sentiers battus. Trouver la bonne voie n'a pas à être pénible. Vous n'avez pas besoin d'avoir toutes les réponses immédiatement. Ne laissez pas doutes ou autocensure vous convaincre que c'est trop dur ou que vous n'en savez pas assez. Plantez la graine, arrosez-la tendrement. Ne l'étouffez pas sous les obligations et les inquiétudes. Laissez-la germer et voyez ce qui pousse ! Il peut aussi y avoir de la malléabilité – expérimentez et, si ça ne marche pas, apprenez de vos erreurs. Essayez ces mantras pour vous aider à prendre votre décision : « Je me connais », « J'ai confiance en moi », « Je me fie à mon instinct », « Je crois en mes choix. »

Demandez du soutien à vos proches

Qui, dans votre entourage, est prêt à vous aider pour ce nouvel épisode de votre vie? Il est parfois efficace de simplement dire à voix haute ce que vous aimeriez entreprendre, de passer un contrat avec soi-même pour vous aider à garder le cap, d'être réconforté par une écoute amicale quand vous êtes à bout ou par une chaleureuse étreinte pour fêter une avancée. Connaissez-vous quelqu'un ayant vécu les mêmes épreuves qui pourrait vous accompagner? Si vous visez un but particulier, essayez de faire appel à une personne engagée dans cette voie. Vous aurez sans doute besoin de chercher au-delà de votre cercle pour trouver quelqu'un ou un groupe qui vous guident, ou, si vous vous sentez motivé, créez un groupe de soutien pour ceux qui se sentent concernés. On trouve beaucoup de réconfort et de gratification à se mettre au service des autres.

Visez un objectif : ayez des buts pour vous galvaniser

Une fois que vous voyez clairement les nouvelles directions, formulez des objectifs qui vous aideront à passer à l'action. Les meilleurs sont ceux qui correspondent profondément à ce que vous voulez, pas à ce que d'autres veulent pour vous. Ils sont ancrés dans vos valeurs et vous savez clairement pourquoi vous souhaitez aller dans telle direction. Ils sont conformes à ce que vous désirez faire ou devenir, et non à ce que vous voulez minimiser ou éviter. Vos buts doivent être complémentaires, pas en concurrence. Il faut aussi tenir compte des contraintes - temps, énergie ou finances -, et comme celles-ci changent constamment, vos buts doivent être adaptables et réalistes.

Comment changer durablement des habitudes

- Si vous avez envie d'effectuer un changement quelconque, réfléchissez d'abord à vos habitudes actuelles. Étudiez vos choix, examinez leurs implications et demandez-vous ce que vous perdrez en continuant d'agir de la même façon.

- Creusez la question et voyez pourquoi vous souhaitez agir différemment. C'est ce pourquoi qui vous sera utile en cas de tentation.

- Pour qu'un changement soit durable, il faut procéder par étapes. Oubliez les mesures radicales impossibles à tenir, optez pour les petits pas. Modifiez une habitude à la fois. Par exemple, pour la nourriture, attaquez-vous à un repas dans la journée et, quand vous serez sur pilote automatique, passez au suivant.

Utilisez votre corps pour cultiver assurance et courage

Sortez de votre tête et donnez vie à vos projets au moyen de votre corps. Tout en explorant ces différentes postures, utilisez la respiration ujjayi (voir page 165) pour amplifier votre sentiment de force et votre résolution. Vous pouvez aussi répéter les mantras suivants et observer ce que vous ressentez en associant ces affirmations aux enchaînements.

- « Je compte sur moi. »
- « Je sais me défendre. »
- « Je pose mes limites. »
- « Je dis ma vérité. »
- « Je suis capable, inventif, créatif, fort, résistant ou prêt. »
- « Je tiens bon. »
- « Rien ne me détournera de mon objectif. »
- « Je connais mon pourquoi. »

Flexion du flanc de la montagne, pour l'énergie et la souplesse

Tenez-vous debout en imaginant que vous êtes coincé entre deux vitres qui vous empêchent de vous pencher en avant ou en arrière. Sentez des racines vous ancrer au sol. Inspirez en levant le bras droit, paume face à vous. Expirez, inclinez le buste vers la gauche en étirant le flanc droit et en glissant la main gauche le long de la cuisse. Inspirez, revenez à la position de départ, le bras droit levé vers le ciel. Expirez en laissant doucement retomber votre bras le long du corps comme une plume. Répétez avec le bras gauche, puis trois à six fois de chaque côté, en sentant s'amplifier souplesse et énergie.

Équilibre dynamique debout, pour les abdominaux

Démarrez debout, les pieds écartés de la largeur du bassin. En inspirant, levez les bras au-dessus de la tête et le genou droit aussi haut que possible en fléchissant le pied droit. En expirant, baissez les bras à hauteur des épaules et tournez le buste vers la droite. Si vous avez du mal à garder l'équilibre, regardez devant vous, sinon tournez les yeux vers la droite. Inspirez et levez les bras au-dessus de la tête en regardant devant vous. En expirant, ramenez les bras le long du corps et posez le pied droit par terre. Répétez à gauche, puis trois à six fois de chaque côté, en vous connectant à la force de vos abdominaux et des muscles qui soutiennent votre colonne vertébrale. Cet exercice est particulièrement difficile. Il développe la conscience du « juste effort » – pas assez d'effort et vous fléchissez, trop d'effort et vous vous raidissez. Trouver le juste effort vous aidera à garder l'équilibre dans cette posture et dans la vie en général.

Torsion du bûcheron, pour la souplesse et la détente

Démarrez debout, les pieds pointés vers l'avant, écartés de deux fois la largeur des épaules, les mains en prière sur le cœur. En inspirant, levez les bras très haut en regardant en l'air. En expirant, pliez le genou droit et posez le coude gauche sur la cuisse droite en tournant le buste, gardez le cou tendu et les mains sur le cœur. En inspirant, tendez les jambes, levez les bras en regardant en l'air, puis tournez vers la gauche, votre coude faisant levier pour amplifier la torsion du buste. Répétez trois à six fois de chaque côté. Ce mouvement aide à voir les choses différemment, vous devez vous sentir grandi.

Posture du danseur, pour le courage

Debout, bien droit, pliez le genou droit et soulevez la jambe en arrière en prenant votre cheville dans votre main droite. Gardez le bassin et la poitrine d'aplomb, poussez le pied dans la main comme pour l'éloigner et tendez la poitrine et le bras gauche vers l'avant. Il y a une vraie tension dynamique vers l'avant et vers l'arrière, le buste est tendu comme un arc. Sentez les muscles du dos travailler, ils vous ancrent dans la certitude d'être soutenu. Tenez pendant cinq à dix respirations calmes, puis répétez de l'autre côté.

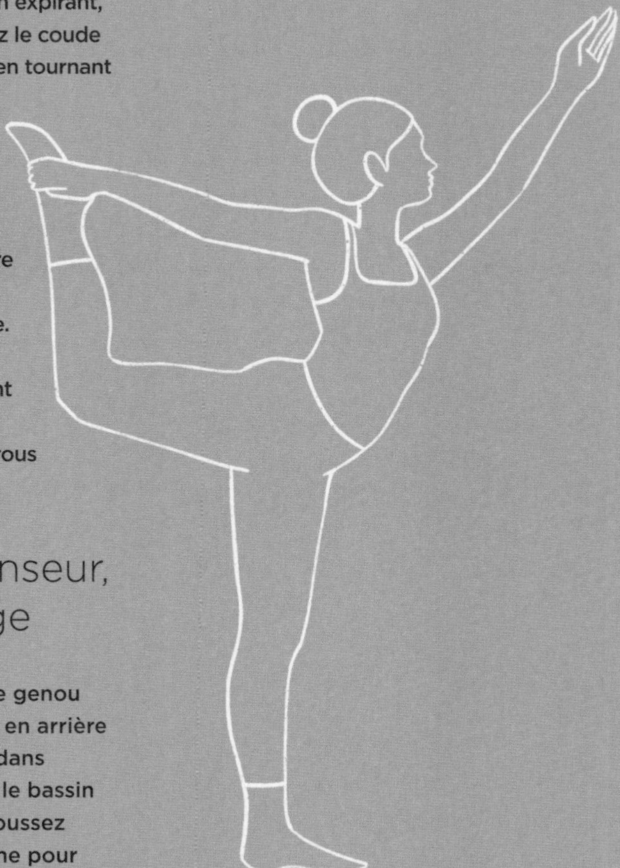

Étirement bras repliés vers le bas, pour se recharger

Démarrez debout, les pieds vers l'avant, écartés de deux fois la largeur des épaules. Fléchissez légèrement les genoux. En expirant, penchez-vous en avant et posez le bout des doigts au sol. Vous pouvez plier les genoux pour plus de confort. Déroulez la colonne en laissant pendre la tête, tenez vos coudes si vous êtes plus à l'aise. Restez pendant cinq respirations, puis enveloppez votre jambe droite en vous tenant au pied droit, à la cheville ou au genou, la tête vers le bout du pied droit, pendant cinq à dix respirations. Répétez du côté gauche, puis restez au centre pendant cinq respirations. Mettez-vous à quatre pattes ou dans la posture de l'enfant (voir page 136) pour vous détendre. Il y a un temps pour l'effort et un temps pour s'abandonner.

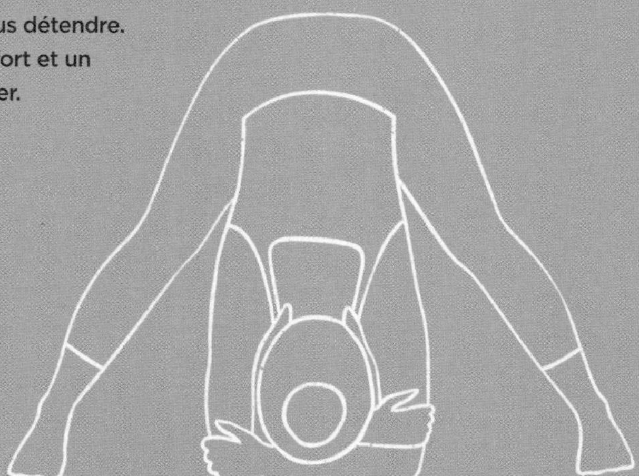

Posture du chien mains tendues, pour sentir la force et le soutien du dos

À quatre pattes, soulevez le bassin en enfonçant les talons dans le sol. Fléchissez les genoux si cela vous permet de mieux allonger la colonne. Sentez travailler les muscles des bras et des épaules. Tournez les doigts vers l'extérieur, vous rapprochez ainsi les omoplates en sollicitant puissamment les muscles du haut du dos. Connectez-vous à cette sensation de force et de soutien du dos. Pour plus de difficulté, continuez à mobiliser ces muscles en ramenant lentement vos mains à leur position initiale. Tenez pendant cinq à dix respirations, puis revenez à la posture de l'enfant (voir page 136), en assouplissant, arrondissant et relaxant le haut du dos. Ces muscles peuvent se détendre et se relâcher, mais ils sont forts et soutiennent quand il le faut. Souvenez-vous que vous pouvez aussi vous soutenir avec force ou douceur.

Repos

C'est fini. Allongez-vous à plat ventre, sur le dos ou pieds au mur – au choix, suivez votre instinct. Reposez-vous cinq minutes en suivant votre respiration, en relâchant vos muscles ou en répétant un mantra pour développer vos sensations. Baignez dans la lumière de ce moment, sentez-vous vivre et sentez de la gratitude pour cette respiration.

Planter une graine : observez comment utiliser votre corps, votre respiration et votre esprit pour vous sentir puissant et créatif. En période de changement et d'épreuves, relevez la tête, tirez les omoplates vers l'arrière et éprouvez la force de votre dos. Sachez que vous êtes votre propre maître, que vous pouvez agir selon vos valeurs.

TROUSSE À OUTILS

Quand je me sens perdu ou troublé…

- Je tiens mes mains ou les pose sur mon cœur en répétant : « Je suis mon propre refuge » ou « Je sens mon souffle revenir en moi. »
- J'observe mes pensées, sentiments et sensations en me connectant à cette part de moi qui assiste à ces changements.
- Je me souviens que je n'ai pas besoin d'avoir toutes les réponses ni même aucune ! Le temps m'éclairera.
- Je me témoigne tendresse et gentillesse, et me tourne vers ma roue de la vitalité pour des conseils.

Quand je me sens impatient ou sous pression…

- Je me détends, je calme ma respiration et je répète : « J'ai tout le temps qu'il me faut. »
- Je réfléchis à mes objectifs, vérifie ce que j'ai à faire dans la journée et avance pas à pas, en me concentrant sur les tâches prioritaires. Demain peut attendre.
- Je m'accorde quelques minutes de pause. Se pousser à bout est contre-productif, un moment de relaxation peut m'apporter le calme et la lucidité dont j'ai besoin.

Quand je me sens bloqué…

- Je vois si le pardon, l'acceptation ou la gratitude peuvent me libérer.
- Je me ressource dans la nature ou je médite sous ma douche pour me stimuler.
- J'avance pas à pas et vois si la machine se remet en route.
- Je m'offre du temps.
- Je fais quelques lentes et calmes respirations de la montagne (voir page 134).

Quand je me sens tenté…

- Je demande à mon meilleur moi futur ce qu'il ferait.
- Je fais appel à mes valeurs et à mes objectifs, en gardant à l'esprit ce qui arrivera si je cède à la tentation. Qu'est-ce que je risque de perdre ?

- Je me change les idées – odeurs, exercices, nature, quelque chose d'amusant.
- Je fais appel à un ou une ami(e) pour me soutenir.
- Je cherche ce qui se cache derrière cette impulsion et j'aborde ce besoin profond avec amour et compassion.

Quand je sais ce que je veux, mais que je ne sais pas comment…

- Je cherche comment les autres font, j'écoute des conférences TED, des podcasts ou je lis des livres.
- Je parle à mes soutiens et je vois ce qui en sort.
- Je me rappelle m'être déjà senti ainsi dans le passé et je sais que je peux trouver mes propres solutions.
- Je me réconforte en me disant qu'il n'y a pas une seule bonne option, que je peux en essayer plusieurs.
- Je me souffle : « Je me demande si… »

Quand je veux me sentir courageux et fort…

- Je me connecte à mon corps, je sens le soutien de la terre, je me redresse, je baisse les épaules et regarde droit devant moi.
- Je me répète : « Je me tiens debout, je suis capable, je sais me défendre. »
- Je respire plusieurs fois profondément ou j'utilise la respiration ujjayi (voir page 165) pour me galvaniser.
- Je réfléchis aux épreuves que j'ai déjà surmontées, je me connecte à mes forces, je m'en sers pour affronter ce qui m'attend.
- Je me rappelle que je n'ai pas à être tout le temps courageux, je peux faire des pauses et me détendre quand j'en sens le besoin.

POSTFACE

Le côté positif de mes ennuis : je ne laisse plus jamais passer un seul moment de paix sans en profiter.

Bien que ce livre tire à sa fin, notre voyage ensemble se poursuit. Sachez que je marche à vos côtés. Revenez à ces pages, piochez-y à votre gré, gardez cet ami près de vous. C'est un cheminement, nous avançons ensemble. Ce qui vous a frappé à la première lecture changera à la seconde. Exercices et pratiques comportent de nombreux niveaux et vous y découvrirez chaque fois de nouvelles idées intéressantes.

J'espère que ces petits rituels pour garder la forme vous réconforteront et vous feront sentir moins seul dans les moments difficiles, que vous serez plus profondément connecté à votre corps et que vous l'aimerez davantage, sachant que vous y êtes en sécurité. J'espère aussi que vous accepterez mieux vos émotions, que vous les laisserez vous traverser et serez outillé pour gérer celles qui vous semblent trop dures à supporter, que vous vous sentirez plus à l'aise avec le changement et la transition, confiant dans votre capacité à évoluer et à vous protéger. J'espère enfin que vous en tirerez un regain d'énergie, de foi et qu'un nouveau sentiment d'identité surgira. Vous y arriverez ! Continuez juste de mettre un pied devant l'autre, en vous disant que vous méritez de vous sentir aimé. Vous avez de l'importance. Prenez soin de vous, rien ne peut vous en empêcher.
Vous vous sentirez plus fort grâce à tout ce que vous aurez appris pour vous en sortir et guérir par vous-même.

Et après ?

C'est très simple, mais on l'oublie souvent : il faut continuer à prendre soin de soi. Même quand vous commencez à vous sentir plus léger et plus joyeux, n'oubliez pas vos petits rituels. Vous les aurez sans doute intégrés à votre emploi du temps avec vos nouvelles compétences, mais rechargez toujours votre énergie en activités bénéfiques. Les fausses excuses pour ne pas le faire, c'est : « Oh, j'ai oublié… J'avais l'habitude de faire ça, mais comme j'allais super bien, je pensais que je n'en avais plus besoin ! » La vie continue, vous devez continuer à prendre soin de vous.

Et quand vous oubliez ou laissez tomber et que vous vous retrouvez de nouveau par terre, tirez-en la leçon. Nous sommes tous passés par là. Remettez-vous gentiment en selle. Vous savez quoi faire. Un rituel à la fois. Peut-être que, la prochaine fois, vous vous rattraperez avant de tomber. Notez alors si vous récupérez beaucoup plus vite.

Après ce voyage ensemble, voyez où vous êtes arrivé ! Félicitez-vous de cette avancée. Peut-être n'avez-vous pas encore atteint le but fixé, mais vous avez le temps ! Il y aura toujours des réalisations à envisager, des efforts à fournir, ces éloges peuvent vous pousser à faire un pas de plus. Voyez le côté positif et continuez ! Nous apprenons et grandissons ensemble, et j'ai confiance en vous.

RÉFÉRENCES

1 Sarah Marsh, Amanda Boateng, 'Quarter of 14-year-old girls in UK have self-harmed, report finds', the *Guardian*, 29 August 2019.

2 digital.nhs.uk, 'Mental Health of Children and Young People in England, 2017', 22 November 2018.

3 Ons.gov.uk, 'Suicides in the UK: 2018 registrations'.

4 Tommys.org, 'Suicide is the leading cause of death in new mothers', 1 November 2018.

5 Jayashri Kulkarni, 'Perimenopausal depression - an under-recognised entity', *Australian Prescriber* 41 (6): 183–185, 3 December 2018.

6 Bessel van der Kolk, *The Body Keeps the Score* (London: Penguin 2014).

7 Peter A Levine, *In an Unspoken Voice: How the Body Releases Trauma and Restores Goodness* (New York: North Atlantic Books 2010).

8 Ibid.

9 Stephen Porges Lecture 'Polyvagal Theory, Oxytocin and the Neurobiology of Love and Trust', 8 June 2019, London.

10 Bessel Van der Kolk, *The Body Keeps the Score* (London: Penguin 2014).

11 Mentalhealth.org.uk, 'Let's Get Physical', 2013.

12 Erik Peper, I-Mei Lin, Richard Harvey, Jacob Perez, 'How Posture Affects Memory Recall and Mood', *Biofeedback*, vol. 45, issue 2, pp. 36–41.

13 Erik Peper, '"Don't slouch!" Improve health with posture feedback', peperperspective.com, 1 July 2019.

14 Erik Peper, I-Mei Lin, 'Increase or Decrease Depression: How Body Postures Influence Your Energy Level', *Biofeedback*, vol. 40, issue 3, pp. 125–30.

15 Dr Libby Weaver, 'Rushing woman's syndrome', YouTube.com, 29 August 2012.

16 Arjun Walia, 'Big Pharma CEO: "My Primary Responsibility is to Shareholders"', Collective-evolution.com, 1 October 2019.

17Juliete Tocino-Smith, 'What is Eustress and How is it Different than Stress?', Positivepsychology.com, 25 October 2019.

18 Christian Jarrett, 'What's your stress mindset?', British *Psychological Society Research Digest*, 5 January 2018.

19 Daeun Park et al, 'Beliefs About Stress Attenuate the Relation Among Adverse Life Events, Perceived Distress, and Self-Control', *Child Development*, vol. 89, issue 6, November/December 2018.

20 Juliete Tocino-Smith, 'What is Eustress and How is it Different than Stress?', Positivepsychology.com, 25 October 2019.

21 Kelly McGonigal, 'How to make stress your friend', TEDGlobal 2013, ted.com.

22 Elizabeth D Kirby, Sandra E Muroy, Wayne G Sun, David Covarrubias, Megan J Leong, Laurel A Barchas, Daniela Kaufer, 'Acute stress enhances adult rat hippocampal neurogenesis and activation of newborn neurons via secreted astrocytic FGF2', *eLife* 2013; 2: e00362.

23 Bruce Goldman, 'Study explains how stress can boost immune system', med.stanford.edu, 21 June 2012.

24 K Asbacher, A O'Donovan, O M Wolkowitz, F S Dhabhar, Y Su, E Epel, 'Good stress, bad stress and oxidative stress: insights from anticipatory cortisol reactivity', *Psychoneuroendocrinology*, September 2013; 38(9): 1698–708.

25 Ibid.

26 Shawn Achor, 'The Right Kind of Stress Can Bond Your Team Together', *Harvard Business Review*, 14 December 2015.

27 Herbert J Freudenberger, Geraldine Richelson, *Burnout: The High Cost of High Achievement* (New York: Anchor 1980).

28 Christina Maslach et al, Maslach Burnout Inventory, mindgarden.com.

29 Britta K. Holzel et al, 'Mindfulness practice leads to increases in regional brain gray matter density', *Psychiatry Research: Neuroimaging*, vol. 191, issue 1, 30 January 2011.

30 Timothy D Wilson et al, 'Just think: The challenges of the disengaged mind', *Science*, 4 July 2014, vol. 345, issue 6192.

31 Erik Peper, 'Toning quiets the mind and increases HRV more quickly than mindfulness practice', peperperspective.com, adapted from Peper et al, 'Which quiets the mind more quickly and increases HRV: Toning or mindfulness?', *Neuroregulation* 6(3) 2019.

32 Adrian F Ward et al, 'Brain Drain: The Mere Presence of One's Own Smartphone Reduces Available Cognitive Capacity', *Journal for the Association of Consumer Research*, vol. 2, no. 2, April 2017.

33 Trevor Haynes, 'Dopamine, Smartphones and You: A battle for your time', Harvard University blog, 1 May 2018.

34 Leslie J Seltzer et al, 'Social vocalization can release oxytocin in humans', Proceedings of the Royal Society of Biological Sciences, 12 May 2010.

35 Kyle J Bourassa et al, 'The impact of physical proximity and attachment working models on cardiovascular reactivity: Comparing mental activation and romantic partner presence', *Psychopsychology*, 4 January 2019.

36 Erika Jackson, 'Stress Relief: The role of exercise in stress management', *ACSM's Health and Fitness Journal*, May/June 2013, vol. 17 issue 3.

37 Carol Dweck, 'The power of believing you can improve', TEDxNorrkoping, November 2014, ted.com.

38 Patrice Voss et al, 'Dynamic Brains and the Changing Rules of Neuroplasticity: Implications for Learning and Recovery', *Frontiers in Psychology*, 2017; 8: 1657.

39 Elisabeth Kübler-Ross, David Kessler, *On Grief and Grieving: Finding the Meaning of Grief Through the Five Stages of Loss* (London: Simon & Schuster 2014).

40 Jenny Florence, 'What is Emotional Health?', huffpost.com. https://www.huffpost.com/entry/what-is-emotional-health_b_6023648

41 Susan David, Emotional Agility: Get Unstuck, Embrace Change, and Thrive in Work and Life (New York: Penguin Random House 2016).

42 Lisa Feldman Barrett, 'Emotional Intelligence Needs a Rewrite', *Nautilus*, 3 August 2017.

43 Lisa Feldman Barrett et al, 'Knowing what you're feeling and knowing what to do about it: Mapping the relation between emotion differentiation and emotion regulation', *Cognition and Emotion*, vol. 15, 2001, issue 6.

44 Todd B Kashdan et al, 'Emotion Differentiation as Resilience Against Excessive Alcohol Use: An Ecological Momentary Assessment in Underage Social Drinkers', *Psychological Science*, 9 August 2010.

45 Richard S Pond Jr et al, 'Emotion differentiation moderates aggressive tendencies in angry people: A daily diary analysis', *Emotion*, vol. 12 (2), April 2012.

46 https://www.brainyquote.com/citation/quotes/helen_keller_133193

47 Alexandra Sacks, 'A new way to think about the transition to motherhood', TED Residency 2018, ted.com.

48 Emma Young, 'Our Golden Years? Research Into The Ups And Downs Of Retirement, Digested', *British Psychological Society Digest*, 9 October 2019.

49 William Bridges, *Transitions: Making Sense of Life's Changes* (New York: Da Capo Press 2004).

50 D L MacInnes, 'Self-esteem and self-acceptance: an examination into their relationship and their effect on psychological healthy', *Journal of Psychiatric and Mental Health Nursing*, October 2006; 13(5):483–9.

51 Anant Narayan Sinha et al, 'Assessment of the Effects of Pranayama/Alternate Nostril Breathing on the Parasympathetic Nervous System in Young Adults', *Journal of Clinical and Diagnostic Research*, May 2013; 7(5): 821–823.

52 Jitendra Mahour, Pratibha Verma, 'Effect of Ujjayi Pranayama on cardiovascular autonomic function tests', *National Journal of Physiology, Pharmacy and Pharmacology*, 9 December 2016.

53 Richard G. Tedeschi, Jane Shakespeare-Finch, Kanako Taku, Lawrence G Calhoun, *Posttraumatic Growth* (London: Routledge 2018).

INDEX

REMERCIEMENTS

Un grand merci à mon cher mari Dave, pour avoir été présent à chaque étape de ma vie, pour m'avoir soutenue face aux difficultés et défendue, pour avoir célébré avec moi les fruits de notre travail.
À Charlotte et Ted, merci d'être là pour moi chaque jour.
Merci à ma mère qui m'accompagne sur le chemin, même si nous sommes loin l'une de l'autre.
Merci à mes amis Donna, Nikki, Charlotte, Danielle, Clare et Emma, pour votre humour qui me fait du bien et vos attentions.
Ce livre est une réalisation collective et je suis tellement reconnaissante à Jane Graham Maw, Becky Anderson et à l'équipe d'Aster pour l'avoir rendu possible.
Merci à Kate Adams, Pauline Bache, Yasia Williams, Megan Brown, Hazel O'Brien, Melissa Baker et Alice Groser. Je remercie également Madeline Kate Martinez, pour avoir donné vie à ce livre avec ses dessins si inspirants.